一天一篇小古文

主　　编：夫　子
副 主 编：张朝伟
本册编写：范　丽
编　　委：范　丽　纪　理　刘　佳　毛　恋　唐　婷　唐玉芝
邱鼎淞　王　惠　吴　翩　向丽琴　徐湘辉　晏成立
阳　倩　曾婷婷　张朝伟　周方艳　周晓娟

山东教育出版社
·济　南·

图书在版编目（CIP）数据

一天一篇小古文. 卷四，冬藏 / 夫子主编 . — 济南：山东教育出版社，2020. 5（2025. 7 重印）

ISBN 978-7-5701-0953-1

Ⅰ . ①一…　Ⅱ . ①夫…　Ⅲ . ①文言文—中小学—教学参考资料　Ⅳ . ① G634．303

中国版本图书馆 CIP 数据核字（2020）第 008379 号

YI TIAN YI PIAN XIAO GUWEN　JUAN SI　DONG CANG

一天一篇小古文　卷四　冬藏　　夫子　主编

主管单位：山东出版传媒股份有限公司

出版发行：山东教育出版社

地址：济南市市中区二环南路 2066 号 4 区 1 号

邮编：250003　电话：（0531）82092660

网址：www.sjs.com.cn

印　　刷：济南华易文化传媒有限公司

版　　次：2020 年 5 月第 1 版

印　　次：2025 年 7 月第 12 次印刷

开　　本：720 mm × 1020 mm　1/16

印　　张：10

印　　数：73001—78000

字　　数：180 千

定　　价：36.00 元

目　录

冬藏

一天一篇小古文

积草池①中珊瑚树

积草池中有珊瑚树，高一丈二尺，一本三柯②，上有四百六十二条。是南越③王赵佗所献，号为烽火树④。至夜，光景常欲燃。

——刘 歆⑤

注释

❶ **积草池**：也称积翠池，是汉代上林苑中的十池之一。❷ **柯**：草木的枝茎。❸ **南越**：又称南粤，古国。❹ **烽火树**：即红珊瑚树，因像火炬而得名。❺ **刘歆**：西汉经学家。其代表著作《西京杂记》为古代历史笔记小说集。

译文

积草池中有一株珊瑚树，树高一丈二尺，一根主枝分出了三根枝杈，杈上有四百六十二根枝条。这是南越王赵佗所献的，号称烽火树。每到夜里，光景奇异，像要燃烧一样。

链接

珊瑚树，因为它的花形像珊瑚，观赏性很高，故而得名。珊瑚树有挺直的枝干、灰褐色的树皮，还有圆形皮孔。叶子成对生，呈长椭圆形或倒披针形，表面呈暗绿色，背面呈淡绿色，终年苍翠。它的花形呈圆锥状，一般在三四月间开白色的小花，香味浓郁；花凋落后会结出椭圆形的果实，开始是橙红，之后红色逐渐变成紫黑色，形状像珊瑚。

三槐堂[1]铭

sān huái táng míng

松柏生于山林，其始也，困于蓬蒿[2]，厄[3]于牛羊，而其终也，贯[4]四时、阅千岁而不改者，其天定也。善恶之报，至于子孙，则其定也久矣。

sōng bǎi shēng yú shān lín, qí shǐ yě, kùn yú péng hāo, è yú niú yáng, ér qí zhōng yě, guàn sì shí, yuè qiān suì ér bù gǎi zhě, qí tiān dìng yě. shàn è zhī bào, zhì yú zǐ sūn, zé qí dìng yě jiǔ yǐ.

——苏　轼[5]

注释

❶ **三槐堂：** 北宋宰相王祜家的厅堂。❷ **蓬蒿：** 飞蓬与蒿草。泛指杂草、荒草。❸ **厄：** 迫害，此处指遭受迫害。❹ **贯：** 贯通。❺ **苏轼：** 字子瞻，号东坡居士，北宋著名文学家、书法家，为“唐宋八大家”之一。

译文

松柏生长在山林之中，刚开始时被杂草围困，遭受牛羊践踏，但最终还是四季常青，历经千年而不凋零，这就是上天赐予它的天性。关于人的善恶报应，要一直到子孙后代才能体现出来，这也是上天早就确定下来的。

诗词

小 松

［唐］杜荀鹤

自小刺头深草里，
而今渐觉出蓬蒿。
时人不识凌云木，
直待凌云始道高。

hán sōng fù
寒松赋

sōng zhī shēng yě yú yán zhī cè liú sú bú gù
松之生也，于岩之侧。流俗[①]不顾[②]，
jiàng rén wèi shí wú dì shì yǐ xuàn róng yǒu tiān jī ér zuò
匠人未识。无地势以炫容[③]，有天机而作
sè tú guān qí zhēn zhī sù chù zhí gàn qiān mián yǐ
色。徒观其贞枝[④]肃矗[⑤]，直干芊眠[⑥]，倚
céng luán zé shāo yún bì jǐng jù yōu jiàn zé xù wù cáng yān
层峦则捎云蔽景，据幽涧则蓄雾藏烟。
qióng shí pán bó ér mái gēn fán jīng jǐ zǎi gǔ téng
穹[⑦]石盘薄[⑧]而埋根[⑨]，凡经几载；古藤
lián yuán ér bào jié mò jì hé nián
联缘[⑩]而抱节，莫记何年。

——李　绅[⑪]

注释

❶**流俗**：世俗，世人。❷**顾**：看见。❸**炫容**：夸耀外形。炫，夸耀。❹**贞枝**：正枝。❺**肃矗**：肃然直立。❻**芊眠**：茂密的样子。❼**穹**：高。❽**盘薄**：牢牢地。❾**埋根**：扎根。❿**联缘**：缠绕。⓫**李绅**：字公垂，唐朝宰相、诗人。

译文

松树生长在岩石的侧面，世人看不到它，木匠无缘结识它。它无法依靠地势来炫耀自己的外形，只有大自然赋予的本色。只见它枝干伟岸挺拔、肃穆茂盛，或高踞于层岩之上，直冲云霄；或藏身于幽涧之中，蓄雾藏云。高大坚固的石块埋下它的根系，历经数载；古老的藤蔓缠绕它的身躯，不知过了多少年。

拾趣

在泰山上有一棵特殊的松树，名叫“五大夫松”。这棵松树位于泰山中天门西北的五松亭前。据《史记》记载，秦始皇东巡泰山时，途中遇上暴风雨，就躲在这棵松树下避雨。秦始皇认为这棵松树护驾有功，就给它封了个“五大夫”的爵位。“五大夫”本是秦朝的官阶品名，把它封给一棵松树，这还是头一回。

荔枝赋

果之美者，厥①有荔枝。虽受气于震方②，实禀精于火离③。乃作酸④于此裔，爰负⑤阳以从宜。蒙休和⑥之所播，涉寒暑而匪亏。下合围以擢⑦本，傍荫亩而抱规⑧。紫纹绀⑨理，黛叶缃枝，蓊郁而霮䨴⑩，环合而棼𫄧⑪。如盖之张，如帷之垂，云烟沃若，孔翠于斯⑫。灵根所盘，不高不卑，陋下泽之沮洳⑬，恶层崖之崄巇⑭，彼前志之或妄，何侧生之见疵⑮？

——张九龄⑯

注释

❶**厥：**其，那。❷**震方：**东方。震，八卦之一，指东方。❸**火离：**南方。离，八卦之一。❹**作酸：**植物生长。❺**负：**向着，正对着。❻**休和：**

安逸平和。❼ **擢**：挺拔，直。❽ **抱规**：环绕成圆形。规，圆形。❾ **绀**：深青色透出红色。❿ **蓊郁而霮䨴**：蓊郁，繁盛。霮䨴，露多的样子。⓫ **环合而棼缅**：盘绕重叠。棼缅，繁盛的样子。⓬ **孔翠于斯**：孔雀、翠鸟栖息在这儿。斯，这儿。⓭ **沮洳**：低湿泥泞的地方。⓮ **崄巇**：高险。⓯ **疵**：指责。⓰ **张九龄**：字子寿，唐朝开元年间贤相、诗人。

译文

果实中的美者，就是荔枝。虽然受东方之气，实际吸收了南方的精华。在这么偏远的地方生长，只是为了向着阳光顺应自然。承蒙安逸平和的传播，经历冬寒夏暑而不凋零。下方主干粗大而挺拔，可双手合抱；上方树荫浓密，环绕成圆形，可遮挡田地。荔枝紫色的纹路中透着深红，浅黄的树枝上长出青黛的叶子，蓊郁葱茏而又繁露鲜润，盘绕重叠而又缠绕飞扬。大概就如同车盖铺张开来，又像帷幔飘浮开去，云雾缭绕，好像孔雀、翠鸟栖息在这里。有灵气的树根盘踞的地方，不高也不低，既藐视洼地的低湿，又厌恶山崖的高险，那些以前的记载有的是错的，为什么要指责荔枝生于侧枝？

链接

荔枝是我国岭南地区十分常见的一种水果，不仅出现在人们的饮食中，也时常出现在古人的文学创作中。张九龄出身于偏远的岭南，荔枝是他家乡的特产。他在《荔枝赋》中表现了荔枝这种果物的奇珍，同时抒发了知识分子想要一展政治抱负的雄心壮志。而曾被贬到岭南的苏轼，也写了一首《食荔枝》，其中写道“日啖荔枝三百颗，不辞长作岭南人”，由此不难看出东坡先生对荔枝的喜爱。

橘颂

后皇[1]嘉树，橘徕[2]服[3]兮。受命不迁，生南国兮。深固难徙，更壹志兮。绿叶素荣[4]，纷其可喜兮。曾枝[5]剡棘[6]，圆果抟[7]兮。青黄杂糅，文章[8]烂兮。精色内白，类[9]可任[10]兮。纷缊[11]宜修，姱[12]而不丑兮。

嗟尔幼志，有以异兮。独立不迁，岂不可喜兮？深固难徙，廓[13]其无求兮。苏世独立，横[14]而不流兮。闭心自慎，终不失过兮。秉德无私，参[15]天地兮。愿岁并谢[16]，与长友兮。淑离[17]不淫，梗其有理兮。年岁虽少，可师长兮。行比伯夷[18]，置[19]以为像[20]兮。

——屈 原[21]

注释

❶**后皇**：即后土、皇天，指地和天。❷**徕**：通“来”。❸**服**：习惯，适应。❹**素荣**：白色的花。❺**曾枝**：繁枝。❻**剡棘**：锐利的刺。❼**抟**：圆。❽**文章**：花纹、色彩。❾**类**：似，好像。❿**任**：担任。⓫**纷缊**：纷繁茂盛。⓬**姱**：美好。⓭**廓**：广大，空阔。⓮**横**：充盈，充满。⓯**参**：三。指与天地相配，合而成三。⓰**谢**：离去，指岁月流逝。⓱**淑离**：鲜明美好的样子。⓲**伯夷**：商末孤竹国国君的长子。⓳**置**：建立，树立。⓴**像**：榜样。㉑**屈原**：名平，字原，又字灵均。战国时期楚国诗人、政治家。中国历史上第一位伟大的爱国诗人。

译文

天地孕育的橘树，生来就适应这方水土。带着不迁徙的使命，扎根在南楚大地。扎根牢固难以迁移，更加具有专一的心志。碧绿的叶子、素洁的花儿，姿态、颜色缤纷可喜。层层树叶间虽长有刺，圆圆的果实却簇聚成团。青的、黄的错杂相映，色彩、纹理如此美丽。外表精致，内瓤洁白，就像身担重任的君子。潇洒的仪表，芬芳的气韵，流露出清新脱俗的风姿。

赞叹这南国的橘树，幼年立志就与众不同。独立于世不愿迁移，这志气怎能不令人欣喜？扎根牢固难以迁移，开阔的胸怀无所欲求。远离浊世超然自立，志节充盈又不随波逐流。坚守着清心谨慎自重，始终不犯过错。那无私的品行，与天地同在。我愿与岁月一起流逝，与你长久相伴为友。你秉性善良而不放纵，坚强、正直而有条理。即使你现在年纪尚轻，却能做我的师长了。你的品行堪比伯夷，将永远是我的榜样。

访古

南　国

古文中常出现的南国，是指岭南地区。岭南是指中国南方的五岭之南的地区，五岭由越城岭、都庞岭、萌渚岭、骑田岭、大庾岭五座山组成，横亘在今湖南、广东、广西、江西之间。

对　联

对联又称门对、春贴、春联、对子、楹联等，对联起源于桃符，也就是一种写在纸、布上或刻在竹子、柱子上的对偶语句，功能是辟邪驱鬼。对联作为一种对偶文学，言简意深，对仗工整，是汉语语言独特的艺术形式，也是中国传统文化的瑰宝。

一副标准的对联，由相互对仗的两部分组成。前一部分称为“上联”，又叫“出句”“对头”“对公”；后一部分称为“下联”，又叫“对句”“对尾”“对母”。上下两联还需具备以下特点：

一要字数相等，断句一致。除了一些有意空出某个字的位置，以达到文学效果的对联，上下联的字数必须相同。

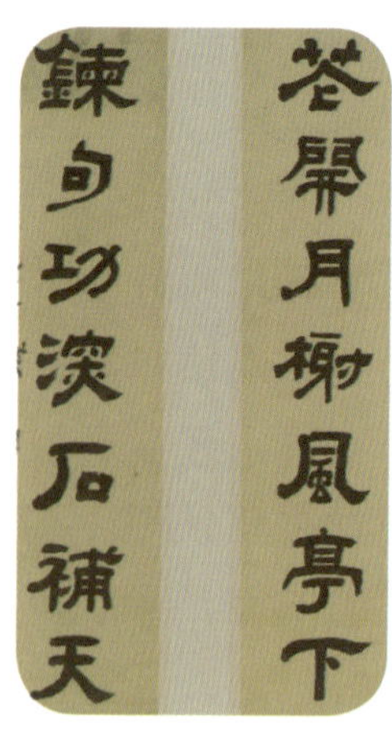

二要位置相同的字词词性相对。一般是“虚对虚，实对实”，相当于现代汉语的名词对名词、动词对动词、形容词对形容词、数量词对数量词、副词对副词，相对的词必须在同一位置上。

三要平仄相对，音调相和。上联的尾字一般为仄声（大致相当于汉语拼音里的第三声、第四声），下联的尾字一般为平声（大致相当于汉语拼音里的第一声、第二声）。

四要内容相关，上下衔接。上下联的含义要相互衔接，不能重复。

有些对联，比如春联、婚联，还有横批（横批是对整副对联内容的概括或补充说明），一般是四个字，也有两个字、三个字、五个字的。

在贴对联的时候，我们要注意，由于古文都是由上到下、自右而左书写的，对联也应该是上联在右，下联在左。严格来说，横批也应自右而左书写。

文苑小憩

古文游戏

一、上联为“冬尽梅花点点”，下联为（　　）。

A. 万户春柳依依　　B. 千家喜气洋洋

C. 春回爆竹声声　　D. 春来微风缕缕

二、下列诗句与“墙头雨细垂纤草”对仗工整的一项是（　　）。

A. 数峰无语立斜阳　　B. 水面风回聚落花

C. 蝉曳残声过别枝　　D. 楼上春容带雨来

三、上联：心平浪静，秋月芙蕖湘水碧。在下列选项中选出最合适的下联。（　　）

A. 志远天高，春风杨柳麓山青

B. 情深海阔，夏日荷花潇江红

C. 气壮山威，鲲鹏展翼楚云飞

D. 身正才卓，冬雪松竹衡岳高

四、删改下面对联中下联的文字，使之与上联对仗工整。

上联：世事如棋，让一着不会亏我。

下联：似海心田，纳百川容人亦可。

五、请尝试补充下联。

此木为柴山山出；

因火成□夕夕□。

日在东，月在西，天上生成□字；

□居右，□居左，世间配定好字。

祭妹[1]文

身前[2]既不可想，身后又不可知。哭汝既不闻汝言，奠[3]汝又不见汝食，纸灰飞扬，朔风野[4]大。阿兄归矣，犹屡屡[5]回头望汝也。

——袁　枚[6]

注释

❶ **妹**：袁枚的三妹袁机，字素文。❷ **身前**：生前。❸ **奠**：用祭品向死者致祭。❹ **野**：旷野。❺ **屡屡**：频频，多次。❻ **袁枚**：清代著名文学家，字子才，号简斋，晚年自号随园主人。论诗主张抒写性灵，创性灵说。著有《随园诗话》等。

译文

生前的事既不能想象，死后的事又不可能知道。哭你已经听不到你的回话，祭你又看不到你来食用祭品。纸钱的灰烬飞扬着，北风在旷野里刮得正猛烈，兄长我踏上归途，还频频回过头来看望你。

链接

袁枚的三妹袁机，字素文，生性清雅，后忧郁病死。袁枚与三妹感情深厚，三妹去世，他作了很多篇诗文来纪念她。这篇祭文作于其妹去世后八年。

袁机从小跟着哥哥袁枚读书学习，才貌双全。可惜早在袁机周岁时，她父亲便把她许给了高家为媳。高家的儿子是一个纨绔子弟，袁机的婚后生活极其不幸，经常被残酷地虐待，甚至险些被卖掉抵债。无奈，袁家只好去官府打官司，把袁机接回娘家。不久，袁机就忧郁而死。

祭十二郎[1]文

呜呼！汝病吾不知时，汝殁[2]吾不知日，生不能相养以共居[3]，殁不能抚汝以尽哀[4]，敛[5]不凭其棺，窆[6]不临其穴。吾行负神明，而使汝夭。不孝不慈，而不得与汝相养以生，相守以死。一在天之涯，一在地之角，生而影不与吾形相依，死而魂不与吾梦相接，吾实为之，其又何尤[7]！彼苍者天，曷其有极[8]！

——韩　愈[9]

注释

❶ **十二郎：**韩愈的侄子，因在族中排行十二，故称“十二郎”。❷ **殁：**死亡。❸ **相养以共居：**相互供养，一起居住。❹ **抚汝以尽哀：**指抚尸痛哭。❺ **敛：**同“殓”。为死者更衣称小殓，尸体入棺称大殓。❻ **窆：**下棺入土。❼ **何尤：**怨恨谁。❽ **彼苍者天，曷其有极：**意思是苍天啊，我的悲痛哪里有尽头呢！出自《诗经·鸨羽》“悠悠苍天，曷其有极”。

⑨ **韩愈：**字退之，世称“韩昌黎”“昌黎先生”。唐代著名文学家，古文运动的倡导者，被后人尊为“唐宋八大家”之首，有“文章巨公”和“百代文宗”之名。

译文

唉！你患病我不知道时间，你去世我也不知道日期，你活着的时候我们不能住在一起互相照顾，死后我又不能抚尸痛哭，入殓时没在棺前守灵，下棺入葬时又没有亲临你的墓穴。我的行为辜负了神明，才使你这么早死去。我对上不孝，对下不慈，既不能与你相互照顾着生活，又不能和你一块死去。我们一个在天涯，一个在地角。你活着的时候不能和我形影相依，死后灵魂也不在我的梦中出现，这都是我造成的，又能抱怨谁呢！苍天啊，我的悲痛哪里有尽头呢！

链接

韩愈幼年丧父，由兄嫂抚养成人。韩愈和他的侄儿十二郎自幼相守，历经患难，感情特别深厚。但成年以后，韩愈四处漂泊，与十二郎很少见面。正当韩愈官运好转，有机会与十二郎相聚之时，突然传来十二郎去世的噩耗。韩愈十分悲痛，写下这篇祭文。

chén qíng biǎo

陈情表

chén mì yán chén yǐ xiǎn xìn sù zāo mǐn
臣密言：臣以[1]险衅[2]，夙[3]遭闵[4]
xiōng shēng hái liù yuè cí fù jiàn bèi xíng nián sì
凶[5]。生孩六月，慈父见背[6]；行年[7]四
suì jiù duó mǔ zhì zǔ mǔ liú mǐn chén gū ruò
岁，舅夺母志[8]。祖母刘悯[9]臣孤弱，
gōng qīn fǔ yǎng chén shào duō jí bìng jiǔ suì bù xíng
躬亲抚养。臣少多疾病，九岁不行，
líng dīng gū kǔ zhì yú chéng lì jì wú bó shū zhōng
零丁孤苦，至于成立。既无伯叔，终[10]
xiǎn xiōng dì mén shuāi zuò bó wǎn yǒu ér xī wài
鲜[11]兄弟，门衰祚薄[12]，晚有儿息[13]。外
wú jī gōng qiǎng jìn zhī qīn nèi wú yìng mén wǔ chǐ zhī
无期功[14]强近[15]之亲，内无应门五尺之
tóng qióng qióng jié lì xíng yǐng xiāng diào ér liú sù
僮[16]，茕茕孑立[17]，形影相吊[18]。而刘夙
yīng jí bìng cháng zài chuáng rù chén shì tāng yào wèi céng
婴[19]疾病，常在床蓐，臣侍汤药，未曾
fèi lí
废[20]离。

——李　密[21]

注释

❶**以：**因。❷**险衅：**厄运。❸**夙：**早时，这里指年幼时。❹**闵：**通“悯”，指忧患的事，多指疾病死丧。❺**凶：**不幸，指丧父。❻**见背：**离我而去。这是死的委婉说法。❼**行年：**经历的年岁。❽**母志：**母亲守节之志。这是母亲改嫁的委婉说法。❾**愍：**怜悯。❿**终：**又。⓫**鲜：**少，这里指“无”。⓬**门衰祚薄：**门庭衰微，福分浅薄。祚，福分。⓭**息：**亲生子女。⓮**期功：**穿一周年孝服的人。服丧九月为大功，服丧五月为小功。这里指关系比较近的亲属。⓯**强近：**勉强算是接近的。⓰**僮：**僮仆。⓱**茕茕孑立：**孤独无援的样子。孑立，单独而立。⓲**形影相吊：**形体和影子相互安慰。吊，安慰。⓳**婴：**纠缠。⓴**废：**停止服侍。㉑**李密：**一名李虔，字令伯。西晋初年大臣。幼年丧父，由祖母抚养成人，早年在蜀汉当官。蜀汉被西晋灭亡后，晋武帝召他担任太子洗马，他以祖母年老多病、无人供养为由，呈递了这份《陈情表》，竭力推辞。

译文

臣李密呈言：我因命运不好，小时候就遭遇不幸，刚出生六个月，我慈爱的父亲就不幸去世了；长到四岁，舅父又逼母亲改嫁。我的祖母刘氏，怜悯我孤苦弱小，便亲自抚养我。臣小的时候经常生病，九岁时还不会走路，孤独无靠，一直到成人自立。既没有叔叔伯伯，又没什么兄弟，门庭衰微而福分浅薄，很晚才有儿子。在外面没有比较亲近的亲戚，在家里又没有照应门户的僮仆。生活孤单没有依靠，每天只有自己的影子做伴。而祖母刘氏又被疾病缠绕，常年卧床不起，我侍奉她服用汤药，从来就没有停止侍奉离开过。

链接

李密向晋武帝司马炎呈交陈情表一年之后，他的祖母辞世。李密为祖母守孝两年，之后在晋朝做官。晋武帝司马炎并没有让李密担任他曾经授予过的官职，而是任命李密做了一个小官——温县县令。李密在温县政绩卓著，为百姓们做了不少好事。

祭石曼卿[1]文

呜呼曼卿！吾不见子久矣，犹能仿佛[2]子之平生。其轩昂[3]磊落，突兀峥嵘[4]而埋藏于地下者，意其不化为朽壤[5]，而为金玉之精[6]。不然，生长松之千尺，产灵芝而九茎[7]。奈何荒烟野蔓，荆棘纵横，风凄露下，走磷[8]飞萤？但见牧童樵叟[9]，歌吟而上下[10]，与夫惊禽骇兽，悲鸣踯躅而咿嘤[11]。今固如此，更千秋而万岁兮，安知其不穴藏狐貉与鼯鼪[12]？此自古圣贤亦皆然兮，独不见夫累累乎旷野与荒城！

——欧阳修[13]

注释

❶ **石曼卿**：指石延年，字曼卿，北宋文学家、书法家。❷ **仿佛**：依稀，隐约。❸ **轩昂**：气度高昂的样子。❹ **峥嵘**：卓异，不平凡。❺ **朽壤**：腐朽的土壤。❻ **精**：精华。❼ **产灵芝而九茎**：灵芝，一种菌类药用植物，古人认为是仙草，九茎一聚者更被当作珍贵祥瑞之物。❽ **走磷**：夜空中磷氧化而产生的青光。❾ **牧童樵叟**：放牧和砍柴之人。❿ **上下**：来回走动。⓫ **悲鸣踯躅而咿嘤**：这里指野兽来回徘徊，禽鸟悲鸣惊叫。⓬ **狐貉与鼯鼪**：狐貉，兽名，形似狐狸。鼯，鼠的一种，亦称飞鼠。鼪，黄鼠狼。⓭ **欧阳修**：字永叔，号醉翁，晚号六一居士。北宋政治家、文学家，“唐宋八大家”之一。

译文

唉！曼卿啊！我见不到你已经很久了，但还能想象你生前的模样。你仪表不凡，光明磊落，又那样超群出众。埋葬在地下的遗体，想来不会化为腐朽的泥土，应该会变成金玉的精华。不然的话，也会长成千尺高的青松，或者产出九茎灵芝。可为什么你的坟墓偏偏荒烟蔓草，荆棘丛生，寒风凄凄，露珠飘零，磷火幽游，飞萤舞动？只见牧童和砍柴的老人，唱着歌在这儿来回走动，还有慌张受惊的飞禽走兽，在这儿徘徊悲鸣。现在就已经是这个样子，再经历千秋万代，怎知道那些狐狸、老鼠和黄鼬等野兽，不会在这里掏穴藏身？这也是自古以来圣贤们都要遭遇到的情景，难道看不见那旷野和荒城上一个挨着一个的荒坟！

拾趣

石曼卿喜欢喝酒，而且喜欢豪饮。他与平民刘潜是好朋友。相传，在石曼卿任海州通判时，刘潜曾去拜访他，两人边喝酒边聊天，酒不一会儿就喝光了。石曼卿见家中有一斗多的醋，就倒入酒中，一并喝了起来。到了第二天，他家的酒和醋都喝光了。

柳子厚[1]墓志铭

子厚前时少年，勇于为人[2]，不自贵重顾藉[3]，谓功业可立就[4]，故坐[5]废退[6]。既退，又无相知有气力[7]得位者推挽[8]，故卒死于穷裔[9]，材不为世用，道不行于时也。使子厚在台、省[10]时，自持其身，已能如司马、刺史时，亦自不斥；斥时，有人力能举之，且必复用不穷。然子厚斥不久，穷不极，虽有出于人，其文学辞章，必不能自力[11]以致必传于后，如今，无疑也。虽使子厚得所愿，为将相于一时，以彼易此，孰得孰失，必有能辨之者。

——韩　愈

注释

❶ **柳子厚：** 指柳宗元。❷ **为人：** 助人。❸ **顾藉：** 顾惜。❹ **立就：** 即刻获得。❺ **坐：** 因他人获罪而受牵连。❻ **废退：** 指远谪边地，贬黜，不被朝廷重用。❼ **有气力：** 有权势和力量的人。❽ **推挽：** 推举提携。❾ **穷裔：** 穷困的边远地区。❿ **台、省：** 御史台和尚书省，为唐代中央政府机构的名称。⓫ **自力：** 自我努力。

译文

子厚在年轻时，勇于助人，不知道看重、顾惜自己，认为功名事业可以一蹴而就，结果反而受到牵连而被贬。贬谪后，又没有赏识他的有权有势的人推举提携，所以最后死在荒僻的边远之地，才能得不到施展，抱负没能实现。如果子厚当时在御史台、尚书省做官时，能谨慎持身，像后来做司马、刺史时那样，也就不会被贬官了；贬官后，如果有人能够推举他，也一定会再次被任用，不至于穷困潦倒。然而若是子厚被贬斥的时间不久，穷困的处境未达到极点，他就算有过人之处，他在文学辞章方面也一定不会这么下功夫，以致像今天这样流传于后世，这是毫无疑问的。即使让子厚实现他的愿望，一直到官至将相，但拿那个换这个，什么是得，什么是失，一定会有能辨别它的人。

下元节

农历十月十五日，是中国民间传统的“下元节”，也称“下元”“下元日”。下元节的起源与道教有关。道家有三官的说法，即天官、地官、水官。三官的诞生日分别为农历的正月十五、七月十五、十月十五，这三天也分别被称为“上元节”“中元节”“下元节”。

古时候下元节这一天，道观要做道场，为民众解厄除困，民众前往道观观祭，并在道观中祭拜下元水官和祖先。而朝廷会在这一天禁止民间屠宰牲畜，并延缓死刑犯的执行日期。

在这一天里，普通老百姓要在家中蒸包子，做糍粑，然后赠送给亲友。同时，家家户户要点灯三夜，在正厅挂上一对提灯，灯下供奉鱼、肉、水果等。有些地区还会举办颇具特色的“水色”活动，水，说明和“水官”有关；色，就是色彩丰富。一般是扎彩船，在河中巡游。

古文游戏

一、下面说法正确的是（　　）。（多选）

A. 北京的下元节传统食物叫作“豆泥骨朵”，也就是豆沙包子。

B. 在道教文化里，有着“天官赐福、地官赦罪、水官解厄”的说法。

C. 下元节是水官的诞辰，是给人消灾解难的日子。

D. “十月半，牵砻团子斋三官。”这句谚语说的是下元节。

二、请根据提示，在括号里填入古人表达悲伤情感的汉字，将诗句补充完整。

□惨柴门风雪夜，此时有子不如无。
哀□黄花如昨日，两度星周俄箭疾。
蚤是□春梦雨天，可堪芳草更芊芊。
事关休□已成空，万里相思一夜中。
巴山楚水□凉地，二十三年弃置身。
细读离骚还□饮，饱看修竹何妨肉。
烹龙炮凤玉脂□，罗屏绣幕围香风。
耒阳江口春山绿，□哭应寻杜甫坟。
死去元知万事空，但□不见九州同。
瀚海阑干百丈冰，愁云□淡万里凝。
使君新篇韵险绝，登眺感□随嘲咍。
人生若只如初见，何事秋风□画扇。
仙侣缑生留福地，湘娥帝子寄□弦。
凄凄不似向前声，满座重闻皆掩□。

提示

古人表达悲伤情感常用的汉字有“哀”“恸”“泣”“涕”“悲”“痛”“伤”“悼”“戚”“凄”“惨”“怛”“疚”。如“恸”，很多古人在书信中得知朋友逝世的消息时常讲“大恸”，表示很悲伤。

东方朔[1]窃饮不死酒

武帝[2]时，有献不死之酒者，东方朔窃[3]饮之。帝怒，欲杀朔。朔曰："臣所饮，不死之酒也。杀臣，臣亦不死；臣死，酒亦不验[4]。"

——冯梦龙[5]

注释

❶ **东方朔**：字曼倩，西汉时期著名文学家。他性格诙谐，思维敏捷，有政治抱负，但始终不受重用。❷ **武帝**：指汉武帝刘彻。❸ **窃**：偷。❹ **不验**：不灵验。❺ **冯梦龙**：明代文学家、思想家、戏曲家，著作有《古今谭概》等。

译文

汉武帝时，有人献上不死之酒，东方朔偷喝了酒。武帝很生气，要杀他。东方朔说："我喝的是不死之酒，陛下杀我，我也不会死；若死了，这酒就不灵验。"

拾趣

汉武帝时期，有一个人因为擅自杀了上林苑的鹿被官府判了死罪。东方朔对汉武帝说："这个人确实该死，他该死的理由有三个。让陛下因为一头鹿而杀人，这是第一个该死的理由；让天下人知道陛下看重鹿而轻视人命，这是第二个该死的理由；匈奴有进犯边境的急

情，需要鹿的角撞死匈奴兵，这是第三个该死的理由。”汉武帝听了之后，沉默不语，最后赦免了杀鹿的人。

xiè dào yùn yǒng xuě
谢道韫[1]咏雪

xiè tài fù hán xuě rì nèi jí yǔ ér nǚ jiǎng lùn
谢太傅[2]寒雪日内集[3]，与儿女讲论

wén yì é ér xuě zhòu gōng xīn rán yuē bái
文义[4]。俄而[5]雪骤[6]，公欣然[7]曰：“白

xuě fēn fēn hé suǒ sì xiōng zǐ hú ér yuē sǎ yán
雪纷纷何所似？”兄子胡儿[8]曰：“撒盐

kōng zhōng chā kě nǐ xiōng nǚ yuē wèi ruò liǔ xù
空中差可拟[9]。”兄女[10]曰：“未若[11]柳絮

yīn fēng qǐ gōng dà xiào lè
因[12]风起。”公大笑乐。

——《世说新语》[13]

注释

❶ **谢道韫**：字令姜，东晋诗人，是东晋政治家谢安的侄女，安西将军谢奕的女儿，也是著名书法家王羲之次子王凝之的妻子。她与汉代的班昭、蔡琰等是中国古代才女的代表。❷ **谢太傅**：指东晋政治家谢安。❸ **内集**：将家中子女集合起来。❹ **讲论文义**：讲解、谈论诗文的含义。❺ **俄而**：过了一会儿，不久。❻ **骤**：急猛。❼ **欣然**：高兴的样子。❽ **兄子胡儿**：指谢朗，小名胡儿，谢安次兄谢据的长子。❾ **差可拟**：大体可以相比。差，大体。拟，相比。❿ **兄女**：兄长之女，即侄女，指谢道韫。⓫ **未若**：不如比作。⓬ **因**：凭借。⓭ **《世说新语》**：魏晋南北朝时期“笔记小说”的代表作，是用文言写成的最早的一部记述名人轶事的小说集，由临川王刘义庆主持编写。

译文

谢太傅在一个寒冷的雪天把家族的子女们聚集在一起，给他们讲论诗文大义。不一会儿，雪下得大了，太傅高兴地说：“这纷纷扬扬的大雪像什么呢？”他的侄子胡儿说：“跟把盐撒在空中差不多可以相比。”他的侄女谢道韫说：“不如把雪比作柳絮，被风吹得漫天飞舞。”谢太傅听后乐得大笑。

链接

谢道韫的父亲是安西将军，叔父谢安是当朝宰相，族中兄弟也多为朝中显贵。她的家世优越，而她自己作为家中的长女，一直是长辈们的掌上明珠。她的叔父谢安为她一手操办了婚事，把她许配给了大书法家王羲之的次子王凝之。但自从嫁给了王凝之，谢道韫常常愁容满面，有一次谢安问她：“王凝之是名门之后，你嫁给他为什么不开心呢？”谢道韫回答：“我们谢氏家族中的子弟个个都很出色，哪知道天下之大，竟然还有王凝之这样的庸才。”后来，王凝之在抵抗叛军的战争中指挥不力，被乱军杀死。谢道韫面对叛军，却镇定自若，拿起武器奋勇杀敌，最终保全了自己。

fù cháo zhī xià wú wán luǎn

覆巢之下无完卵

kǒng róng bèi shōu zhōng wài huáng bù shí róng ér
孔融[1]被收[2]，中外[3]惶怖。时融儿
dà zhě jiǔ suì xiǎo zhě bā suì èr ér gù zhuó dīng xì
大者九岁，小者八岁，二儿故琢钉戏[4]，
liǎo wú jù róng róng wèi shǐ zhě yuē jì zuì zhǐ
了[5]无遽[6]容。融谓使者曰：“冀罪止[7]
yú shēn èr ér kě dé quán fǒu ér xú jìn yuē dà
于身，二儿可得全不？”儿徐进曰：“大
rén qǐ jiàn fù cháo zhī xià fù yǒu wán luǎn hū xún yì
人岂见覆巢之下，复有完卵乎？”寻亦
shōu zhì
收至。

——《世说新语》

注释

❶ **孔融：**字文举，东汉末年文学家，“建安七子”之一。❷ **收：**逮捕，拘禁。❸ **中外：**指朝廷内外。❹ **琢钉戏：**古代的一种儿童游戏。❺ **了：**完全。❻ **遽：**惊慌。❼ **止：**仅，只。

译文

孔融被捕，朝廷内外都很惶恐惧怕。当时，孔融的大儿子九岁，小儿子八岁，两个孩子照样在玩琢钉戏，一点儿也没有惊慌的神色。孔融对前来逮捕他的差使说：“希望罪责只在我一人之身，两个孩子能否保全性命？”两个孩子从容地上前说：“父亲难道看见过打翻的鸟巢下面还有完整的蛋吗？”不久，来拘捕两个孩子的差使也到了。

链接

魏晋时期，文人们开始自觉以文学创作抒情言志，表达自己的情怀或以之作为精神自娱的手段。当时，孔融、陈琳、王粲、徐干、阮瑀、应玚、刘桢这七个人是建安时期除曹氏父子（即曹操、曹丕、曹植）以外的优秀文人，被称为“建安七子”。曹丕曾在《典论》中给予这七人高度的评价。“建安七子”以写五言诗为主，诗歌慷慨悲凉，富于变化。他们也写了大量的小赋，开拓了取材范围，更多地反映了社会现实，抒情色彩浓厚。

wáng xī zhī xiè ān lùn qīng tán

王羲之①谢安论清谈

wáng yòu jūn yǔ xiè tài fù gòng dēng yě chéng xiè yōu rán

王右军与谢太傅共登冶城②，谢悠然

yuǎn xiǎng yǒu gāo shì zhī zhì wáng wèi xiè yuē xià yǔ qín wáng

远想，有高世之志。王谓谢曰：“夏禹勤王③，

shǒu zú pián zhī wén wáng gàn shí rì bù xiá jǐ jīn sì

手足胼胝④；文王旰食⑤，日不暇给。今四

jiāo duō lěi yí rén rén zì xiào ér xū tán fèi wù fú

郊多垒⑥，宜人人自效；而虚谈废务，浮

wén fáng yào kǒng fēi dāng jīn suǒ yí xiè dá yuē qín rèn

文妨要，恐非当今所宜。”谢答曰：“秦任

shāng yāng èr shì ér wáng qǐ qīng yán zhì huàn yé

商鞅⑦，二世而亡，岂清言致患邪？”

——《世说新语》

注释

❶ **王羲之：** 字逸少，曾任右军将军，人称“王右军”，东晋著名书法家，号称“书圣”。❷ **冶城：** 故址在今江苏南京朝天宫一带，相传春秋时夫差于此冶铸，故得名。❸ **夏禹勤王：** 夏禹，夏朝的开国君王，历史上的治水名人。勤王，尽力于国事。❹ **胼胝：** 手脚因劳动而磨出的硬皮。❺ **文王旰食：** 文王，周文王姬昌。旰食，天黑了才吃饭。❻ **四郊多垒：** 指战事频繁。❼ **商鞅：** 先秦法家的代表人物，辅佐秦孝公实行变法，史称“商鞅变法”。

译文

王羲之和谢安一起登上冶城，谢安悠闲地凝神遐想，有超尘脱俗的志趣。王羲之就对他说：“夏禹操劳国事，手脚都长了茧子；周文王

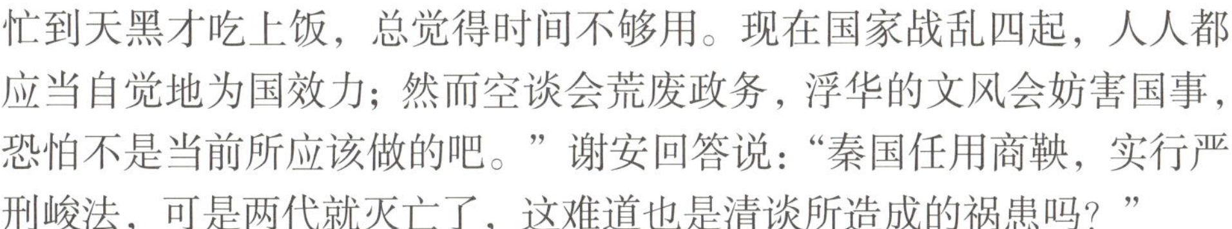

忙到天黑才吃上饭，总觉得时间不够用。现在国家战乱四起，人人都应当自觉地为国效力；然而空谈会荒废政务，浮华的文风会妨害国事，恐怕不是当前所应该做的吧。”谢安回答说：“秦国任用商鞅，实行严刑峻法，可是两代就灭亡了，这难道也是清谈所造成的祸患吗？”

拾趣

东晋书法家王羲之很喜欢鹅。有一个老道士想要王羲之手抄的《黄庭经》。得知王羲之爱鹅后，他就在道观里精心饲养了一群鹅。每次得知王羲之出游，他就将这些鹅放养到山中。终于有一天，鹅被游山的王羲之偶遇，他很是喜欢，想要买下这些鹅。老道士就顺势提出，只要他手抄一份《黄庭经》，就将所有的鹅赠予他。王羲之欣然答应了。王羲之手抄的那份《黄庭经》，也被叫作《换鹅帖》。

丁谓①自救

丁晋公之逐，士大夫远嫌，莫敢与之通声问②。一日忽有一书与执政③，执政得之不敢发④，立具上闻⑤。洎⑥发之，乃表⑦也，深自叙致，词颇哀切。其间两句曰：“虽迁陵⑧之罪大，念立主之功多。”遂有北还⑨之命。谓多智变⑩，以流人⑪无因达章奏，遂托为执政书，度⑫以上闻，因蒙宽宥⑬。

——沈　括⑭

注释

❶ **丁谓：** 宋真宗时官至宰相，封晋国公，又称丁晋公。他擅长玩弄权术，被视为奸臣。宋仁宗即位后被撤职，放逐于海南。❷ **通声问：** 互相问候，互通消息。❸ **执政：** 指执政的大臣。❹ **发：** 启封。❺ **立具上闻：** 立即将详细情况报告给皇帝。上，指皇帝。❻ **洎：** 及，至。❼ **表：** 指给皇帝上奏的表章，而不是私人书信。❽ **迁陵：** 指宋真宗陵墓曾改

换陵址修建之事。宋真宗死后不久，丁谓当时还是宰相，主持改换宋真宗的陵址，但是新址未修建完成，只得再迁回原址。后丁谓被贬斥，这是罪状之一。⑨ **北还：** 指允许丁谓返回北方居住。⑩ **智变：** 机智而能应变。⑪ **流人：** 被放逐的罪人。⑫ **度：** 猜度，猜到，料到。⑬ **宽宥：** 得到宽恕。⑭ **沈括：** 北宋官员、科学家。代表作《梦溪笔谈》是一部综合性笔记体著作。

译文

丁谓被放逐后，士大夫为避嫌，没人敢与他互通消息，以书信问讯往来。一天，忽然有他的一封信送到执政大臣那里，执政大臣收信后不敢打开，立即上报给了皇帝。等到打开信封，才知道里面装的是丁谓给皇上的奏表，表中委婉陈述自己的处境，言辞似乎真诚恳切，心迹颇令人同情。其中有两句说："虽然迁移先帝陵址一事罪大，但还望皇上念及罪臣辅佐先帝的不少功劳。"于是得到了宋仁宗允许他迁居内地的诏命。丁谓机智而能应变，他知道流放的人没有渠道把私人章奏送到皇帝手上，于是假托给执政大臣写信，他料到执政大臣不敢拆开而是直接上报给皇帝，竟因此获得皇帝的宽恕。

访古

古代的流放地

流放，是指将犯人押解到家乡之外的地方去服刑。在我国历朝历代，都有专门负责接纳流放犯人的地区，也叫"流放地"。相比于死刑或其他体罚，流放对于犯人来说，算是一种比较轻的刑罚了，但流放地一般是环境艰苦之地，犯人在流放地的生活十分艰难。古代有名的流放地，如湖北的房陵，是专门流放皇亲贵族的地方；海南的崖州，包括唐朝宰相李德裕、北宋大诗人苏东坡等知名人物，都曾被发配至此；广东的潮州，"唐宋八大家"之一的韩愈曾流放至此；河北的沧州，宋时各地的犯人尤其是重刑犯，许多都被押送到此地。

祭　礼

古人的祭祀活动，既有对日月星辰、山林川泽的祭祀，也有对先王、先祖以及先师孔子的祭祀。而在普通百姓人家，祭祖则是最为重要的。人们通过祭祀来表达自己对先人的追思，并祈求先人保佑家族昌盛和睦。

古时，几乎每个家族都有一个祠堂，用来供奉先人的牌位，而所有祭祀的仪式也都是在这里进行的。在祭祀前的一个月，男主人就要进入祠堂，禀告先人祭祀的时间。在祭祀的前三天，全家都要沐浴更衣，并且不能喝酒，也不能吃荤。在祭祀的前一天，要准备好祭祀所用的祭器和食物。

祭祀最主要的仪式是对先人的献酒，仪式是跪在先人牌位前，把酒杯斟满酒，然后把酒倾倒在地上。献酒之后，要关上祠堂的门，为的是不打扰先人进食。每当祭祀仪式完成后，家族中的男女老少就一起分享这些食物，在古人的观念中，食用祭品能得到先人的赐福。

文苑小憩

古文游戏

一、观察图片，找出古人祭祀的时候需要准备的物品。

 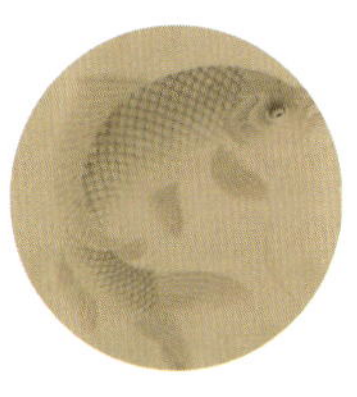   

二、古人祭祀所用的物品会因身份、等级的不同而有所区别。请你涂一涂，为下面不同身份的古人选择合适的祭器。

周天子

鲁庄公

管　仲

提示 周礼规定，天子用九鼎八簋，诸侯用七鼎六簋，卿大夫用五鼎四簋，士用三鼎二簋。

chéng mén lì xuě
程门立雪

yáng shí zì zhōng lì nán jiàn jiāng lè rén yòu yǐng
杨时[1]字中立，南剑将乐人。幼颖

yì néng zhǔ wén shāo zhǎng qián xīn jīng shǐ yí rì jiàn yí
异，能属文，稍长，潜心经史。一日见颐[2]，

yí ǒu míng zuò shí yǔ yóu zuò shì lì bú qù yí jì
颐偶瞑坐，时与游酢[3]侍立[4]不去[5]，颐既

jué zé mén wài xuě shēn yì chǐ yǐ
觉，则门外雪深一尺矣。

——《宋史》[6]

注释

❶**杨时**：号龟山，北宋哲学家、文学家。❷**颐**：指北宋理学家程颐。❸**游酢**：程颐的四大弟子之一。❹**侍立**：恭敬地站在一旁。侍，服侍。❺**去**：离开。❻**《宋史》**：“二十四史”之一，是篇幅最庞大的官修史书之一，由丞相脱脱和阿鲁图先后主持修撰。

译文

杨时字中立，是南剑将乐地方的人。他从小聪颖异常，会写文章，再长大一点，便专心研究经史。一天他去拜见程颐，程颐正在闭目静坐，杨时与同学游酢就恭敬地站在门外等候，没有离开。等到程颐醒来时，门外的积雪已经有一尺多厚了。

链接

杨时求知若渴、尊师重道。他先后拜程颢、程颐为师，勤学好问，学习成绩优异，与游酢、吕大临、谢良佐并称“程门四大弟子”。

拾趣

传说，程颢、程颐的父亲程珦在黄陂做县尉时，看到凤凰台的环境幽静，很适合静心养性。于是，他就把两个儿子送去那里读书。这两兄弟在楼上发奋勤学，白天从不下楼，而且每晚熬到三更才休息。到了大年三十的晚上，楼里进来了一名素衣女子，向他们道福。程氏兄弟问她："你是来做什么的？"女子笑着说："奉太阴真君嫦娥仙子之命，特来给两位掌灯。"说完，她用手指在墙壁上画了一个圆圈，楼中顿时明亮无比，照着兄弟俩夜读。

shī shuō
师 说

shèng rén wú cháng shī kǒng zǐ shī tán zǐ chánghóng
圣人无常[1]师。孔子师郯子[2]、苌弘[3]、

shī xiāng lǎo dān tán zǐ zhī tú qí xián bù jí kǒng
师襄[4]、老聃[5]。郯子之徒[6]，其贤不及孔

zǐ kǒng zǐ yuē sān rén xíng zé bì yǒu wǒ shī shì
子。孔子曰："三人行，则必有我师。"是

gù dì zǐ bú bì bù rú shī shī bú bì xián yú dì zǐ wén
故弟子不必不如师，师不必贤于弟子，闻

dào yǒu xiān hòu shù yè yǒu zhuān gōng rú shì ér yǐ
道有先后，术业[7]有专攻[8]，如是而已。

——韩 愈

注释

❶ **常：**固定的。❷ **郯子：**春秋时期郯国的国君，相传孔子曾向他请教官职名称。❸ **苌弘：**东周时期政治家、教育家，相传孔子曾向他请教古乐。❹ **师襄：**春秋时期鲁国的乐官，名襄，相传孔子曾向他学琴。❺ **老聃：**指老子，字聃，春秋时期楚国人，道家学派创始人。相传孔子曾向他学习周礼。❻ **之徒：**这些人。❼ **术业：**技术业务。❽ **攻：**学习、研究。

译文

圣人没有固定的老师。孔子就曾以郯子、苌弘、师襄、老聃为师。郯子这些人，他们的贤能都不如孔子。孔子说过："三个人一起走路，其中一定有可以当我老师的人。"因此学生不一定不如老师，老师不一定比学生贤能，掌握真理有先有后，学问技艺各有专长，如此而已。

访古

古文运动

古文运动是指唐代中期以及宋代以提倡古文、反对骈文为特点的文体改革运动。这场运动主要由文学家韩愈引导。魏晋南北朝时期，文坛兴起了“骈文”，当时骈文讲究声韵，辞藻过度华丽，晦涩难懂。有识之士于是提出改革文风，强调以文明道。

一字之师

郑谷[1]在袁州，齐己[2]因携所为诗往谒焉[3]。有《早梅》诗曰：“前村深雪里，昨夜数枝开。”谷笑谓曰：“‘数枝’非早，不若‘一枝’则佳。”齐己矍然，不觉兼[4]三衣[5]叩地膜拜。自是士林[6]以谷为齐己“一字之师”。

——陶　岳[7]

注释

❶ **郑谷**：唐朝诗人。❷ **齐己**：唐朝和尚，善诗。❸ **谒焉**：拜见他。谒，拜见（地位或辈分高的人）。焉，他，代指郑谷。❹ **兼**：提起，整理。❺ **三衣**：此处指衣服。❻ **士林**：众多读书人。❼ **陶岳**：北宋著作家，代表作有《五代史补》。

译文

郑谷住在袁州，于是齐己带着自己的诗作前去拜见他。诗作中有一首《早梅》写道：“前村深雪里，昨夜数枝开。”郑谷看了笑着说：“‘数枝’不能表现出早意来，不如用‘一枝’好。”齐己惊讶不已，不由得整理衣服，恭恭敬敬地向郑谷拜了一拜。从此，众多读书人就把郑谷看作齐己的“一字之师”。

链接

郑谷，唐朝末期著名诗人。郑谷天资聪颖，他7岁能赋诗，僖宗时考中进士，任都官郎中，人称郑都官。因为他的《鹧鸪诗》很有名，又称郑鹧鸪。他的诗多是写景咏物之作，表现士大夫的闲情逸致，风格清新脱俗，直白易懂。

访古

古 诗

古诗是古代汉语诗歌的泛称，按照格律可以分为古体诗和近体诗。唐朝以前流行的是古体诗，是依照古代的诗体来写的诗。到了隋唐时期，近体诗出现了，人们在字数、声韵、对仗方面对诗歌有了严格的规定，因此，近体诗也叫格律诗。此外，按照字数来分，古体诗可以分为四言古诗、五言古诗、七言古诗，而近体诗可以分为律诗和绝句，绝句共有四句，律诗共有八句。

郑玄[1]拜师

郑玄在马融[2]门下，三年不得相见，高足弟子传授而已。尝算浑天[3]不合，诸弟子莫能解。或言玄能者，融召令算，一转便决，众咸骇服。及玄业成辞归，既而融有“礼乐皆东”之叹，恐玄擅名而心忌焉。玄亦疑有追，乃坐桥下，在水上据屐[4]。融果转式[5]逐之，告左右曰：“玄在土下水上而据木，此必死矣。”遂罢追。玄竟以得免。

——《世说新语》

注释

❶ **郑玄：** 东汉人，精通历算。❷ **马融：** 东汉古文经学家。❸ **浑天：** 古代的一种天体学说，多利用浑天仪这种算具进行演算。❹ **据屐：** 脚穿木屐。❺ **转式：** 转动栻盘推演吉凶，是古代的一种占卜方法。

译文

郑玄在马融门下求学，三年都没见到马融，都是由马融的弟子传授罢了。马融曾用浑天仪测算天体位置，计算得不准确，弟子们也弄不清楚。有人说郑玄可以解决这个难题，马融就找来郑玄让他测算，郑玄一推算就得出了结果，大家都惊叹佩服。后来郑玄学成离去，马融发出了“礼乐都随郑玄东去了”的感叹，他怕郑玄的名声超过自己，很嫉妒；郑玄也疑心会被追杀，就坐在桥下，穿着木屐浮在水面上。马融果然在转动栻盘占卜他的行踪，他对门人说：“郑玄现在在土下水上，而且脚踩木头，这是必死的前兆。”于是不再追杀，郑玄因此得以脱身。

访古

浑天仪

浑天仪是浑仪和浑象的总称。浑仪是测量天体球面坐标的一种仪器，可以测定昏、旦以及天体的赤道坐标，也能测定天体的黄道经度和地平坐标。而浑象是古代用来演示天象的仪表。浑天仪的发明者是西汉的落下闳，后又被东汉天文学家张衡改进。中国现存最早的浑天仪制造于明朝。

汉明帝[1]尊师

上[2]自为太子，受《尚书》[3]于桓荣[4]，及即帝位，犹尊荣以师礼。尝幸太常府[5]，令荣坐东面，设几杖，会百官及荣门生数百人，上亲自执业[6]；诸生或避位发难[7]，上谦曰：“太师在是。”既罢，悉以太官供具赐太常家。荣每疾病，帝辄遣使者存问，太官、太医相望于道。及笃，上疏谢恩，让还爵士[8]。帝幸[9]其家问起居[10]，入街，下车，拥经而前，抚荣垂涕，赐以床茵、帷帐、刀剑、衣被，良久乃去。自是诸侯、将军、大夫问疾者，不敢复乘车到门，皆拜床下。荣卒，帝亲自变服临丧送葬，赐冢茔于首山之阳。

——《资治通鉴》[11]

注释

❶ **汉明帝**：指刘庄，东汉第二位皇帝。❷ **上**：汉明帝刘庄。❸**《尚书》**：重要的儒家经典之一。❹ **桓荣**：东汉初年的名儒、大臣。❺ **太常府**：桓荣曾封太常，此处指桓荣的住处。❻ **执业**：听讲。❼ **避位发难**：离开座位向皇帝提出疑难问题。❽ **爵土**：爵位和封地。❾ **幸**：驾幸，到。❿ **起居**：此处指病情。⓫**《资治通鉴》**：由北宋司马光主编的一部编年体史书，以时间为纲，事件为目，涵盖了一千多年的历史。

译文

汉明帝自从当上太子，就随桓荣学习《尚书》，等到登基为皇帝，依然尊重桓荣，对他以师礼相待。汉明帝曾经亲自去太常府探望，让桓荣坐东面，设置几杖，会见百官和桓荣弟子数百人，明帝亲自听讲。诸生离开座位向皇帝提出疑难问题，明帝谦让说："太师在这里。"结束后，汉明帝把太官的供具都赐给了太常家。桓荣每次生病，明帝就派遣侍从看望问候，并派太官、太医为桓荣医治。桓荣病重的时候，呈上奏折叩谢皇恩，并提出交还爵位和封地。明帝亲自到他家询问病情，在桓荣家所在的街道就早早下了车，捧着经书上前，抚摩着桓荣哭泣，赐给他床茵、帷帐、刀剑、衣被，很久才离去。从此以后，诸侯、将军、大夫来探病的，不敢再乘车到门口，在床前都下拜。桓荣死后，明帝亲自穿上丧服送葬，并赐予首山东面为他修筑坟墓。

拾趣

传说，汉明帝晚上睡觉时梦见了一个闪着光的金人，这个金人从天上飞到了金殿。汉明帝醒来后，在上朝时同大臣们说起了这个梦。大臣们都说是吉祥之兆，但是要说这金人是什么，大家就都不知道了。这时，博学多才的大臣傅毅站了出来，他说在遥远的西天有个神仙叫佛，而佛的样子就跟汉明帝梦中的金人相似，所以汉明帝梦见的可能就是佛。汉明帝听了，就派人去天边求佛。派去求佛的人跋山涉水，终于去到西南边的印度，求到了佛经，还带回了印度的两个僧人普及佛法。就这样，佛教传入了中国。

冬至节

冬至是一年中白天最短、夜晚最长的一天。古人认为从冬至起，白昼越来越长，代表一个新的起点。古时候，甚至有“冬至大过年”的说法，这表明古人对冬至十分重视。

冬至过节大致是从汉朝开始的，汉朝以冬至为“冬节”，官府要举行祝贺仪式，称为“贺冬”。《后汉书》中有记载，冬至这天朝廷上下要放假休息，军队待命，边塞闭关。此外，民间商旅停业，亲朋好友互赠美食，互相拜访。冬至是一个用来放松的节日。

唐宋时期，冬至是祭天祭祖的日子，皇帝在这一天要到郊外举行祭天大典，百姓在这一天要祭祀祖先，并向父母和尊长叩拜。

冬至是“二十四节气”中最早被确定的一个，据记载，冬至的确定源自三千多年前周公测量日影，周公测量时，选取的是一年中“日影”最长的一天，这一天就是冬至日，为新的一年开始的日子。古人认为自冬至日这一天开始，天地中的阳气开始变强，代表了下一个循环的开始，是大吉之日。因此，后来一些春节期间的祭祖、家庭聚餐等“过年”习俗，也往往出现在冬至。

古文游戏

了解一下九九消寒图的来历，试着自己涂一涂吧。

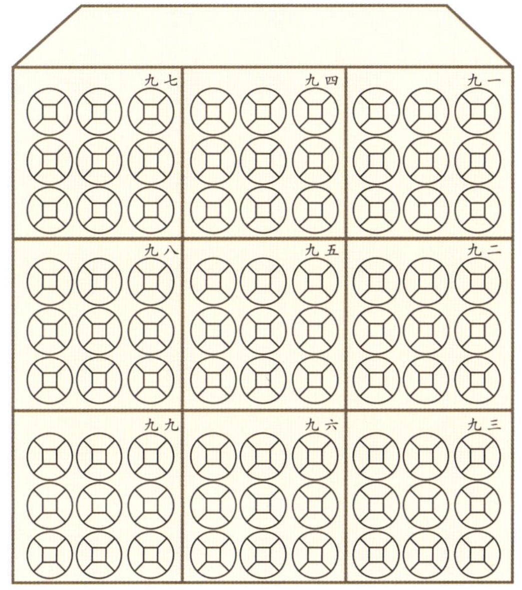

将一张纸分为九格，每一格又印上九个圆圈，每天填充一个圆圈。填充的规则：根据天气状况上涂阴下涂晴，左风右雨雪当中。

提示

成语收藏夹

程门立雪：程，指宋代理学家程颐。后用“程门立雪”形容尊师重道，恭敬求教。

造句：我们要学好一门技术，必须拿出程门立雪的精神来，虚心求教。

一字之师：指能够给别人改正一个字而被尊称为老师的人。

造句：他学识渊博，是我的一字之师。

guǎn níng gē xí

管宁①割席

guǎn níng huà xīn gòng yuán zhōng chú cài jiàn dì yǒu piàn

管宁、华歆②共园中锄菜，见地有片

jīn guǎn huī chú yǔ wǎ shí bú yì huà zhuō ér zhì qù zhī

金，管挥锄与瓦石不异，华捉而掷去之。

yòu cháng tóng xí dú shū yǒu chéng xuān miǎn guò mén zhě níng

又尝同席读书，有乘轩冕③过门者，宁

dú rú gù xīn fèi shū chū kàn níng gē xí fēn zuò yuē

读如故，歆废书出看。宁割席分坐，曰：

zǐ fēi wú yǒu yě

“子非吾友也！”

——《世说新语》

注释

❶ **管宁：** 字幼安，东汉末期著名隐士。❷ **华歆：** 字子鱼，东汉末期举孝廉，为尚书郎。❸ **轩冕：** 古代卿大夫的车服。

译文

管宁和华歆一同在菜园里刨地种菜，看见地上有一小片金子，管宁不理会，照样挥锄，把金子视同瓦片、石头，华歆则把金子捡起来再扔出去。还有一次，两人同坐在一张席上读书，有达官贵人坐车从门口经过，管宁照旧读书，华歆却放下书本跑出去看。于是管宁就割开席子，与华歆分开坐，说：“你和我不是同道中人。”

访古

古代的席子

席子，最早可追溯到石器时代，那时席子已经是人们常用的生活用品。唐宋以前，没有桌椅之类的高架器具，只有矮小的几案之类的东西。古人十分注重礼仪，谈话、进食等都是就地而坐，在地上铺上席子，所以我们说“席地而坐”。

伯牙[1]鼓[2]琴

伯牙鼓琴，锺子期[3]听之。方鼓琴而志[4]在太山[5]，锺子期曰：“善哉[6]乎鼓琴，巍巍[7]乎若太山。”少选[8]之间而志在流水，锺子期又曰：“善哉乎鼓琴，汤汤[9]乎若流水。”锺子期死，伯牙破琴绝弦，终身不复鼓琴，以为[10]世无足复为鼓琴者。

——《吕氏春秋》[11]

注释

❶ **伯牙**：春秋战国时期楚国人，精通琴艺。❷ **鼓**：弹。❸ **锺子期**：春秋战国时期楚国人。❹ **志**：心志，情志。❺ **太山**：泛指大山、高山。一说指东岳泰山。❻ **善哉**：好啊。❼ **巍巍**：高大的样子。❽ **少选**：一会儿，不久。❾ **汤汤**：水流大而急的样子。❿ **以为**：认为。⓫ **《吕氏春秋》**：一部道家著作，由秦国丞相吕不韦主持，集合门客们编撰。

译文

伯牙弹琴，锺子期倾听。伯牙弹琴的时候，情志寄托在高高的大山上，锺子期听了赞叹道：“琴弹得好啊，像高峻的大山在我眼前。”一会儿，伯牙的情志又寄托在流水之间，锺子期又说：“琴弹得好啊，像浩荡的流水在我眼前。”锺子期去世后，伯牙摔破了琴，把弦挑断，终身不再弹琴，他认为这世上再没有值得他为之弹琴的人了。

诵读

这是一篇讲知音的文章，在诵读时，要表现一种知音之间惺惺相惜的感觉。又因为文章说的是弹琴，应把琴声的气势表现出来，如在文章开头，读到“志在太山”时，声音要庄严、稳重。读锺子期的两句评语，要用赞叹、欣喜、神往的语气。在后文中，为了表现伯牙对子期去世的悲痛，应该用低沉的带着遗憾的语气去读。

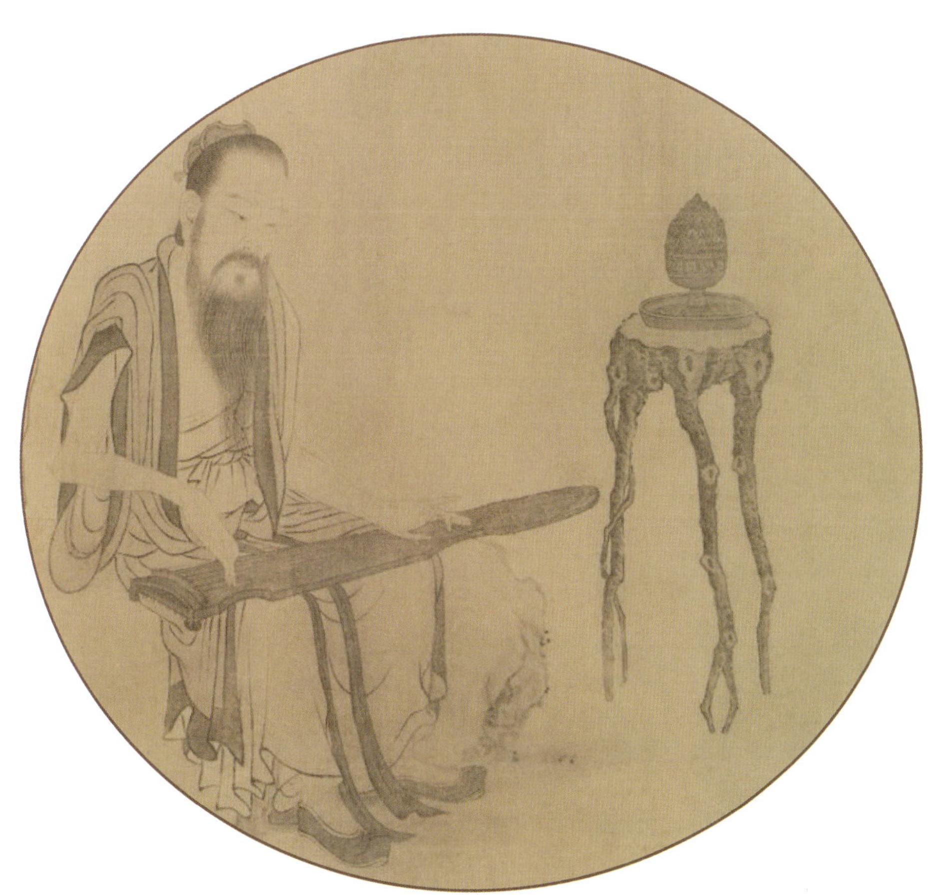

guǎn bào zhī jiāo

管鲍之交

guǎn zhòng yí wú zhě yǐng shàng rén yě shào shí
管仲[1]夷吾者，颍[2]上人也。少时
cháng yǔ bào shū yá yóu bào shū zhī qí xián guǎn zhòng pín
常与鲍叔牙[3]游[4]，鲍叔知其贤。管仲贫
kùn cháng qī bào shū bào shū zhōng shàn yù zhī bù yǐ wéi
困，常欺鲍叔，鲍叔终善遇之，不以为
yán yǐ ér bào shū shì qí gōng zǐ xiǎo bái guǎn zhòng shì gōng
言。已而鲍叔事齐公子小白[5]，管仲事公
zǐ jiū jí xiǎo bái lì wéi huán gōng gōng zǐ jiū sǐ guǎn
子纠[6]。及小白立为桓公，公子纠死，管
zhòng qiú yān bào shū suì jìn guǎn zhòng guǎn zhòng jì yòng rèn
仲囚焉。鲍叔遂进管仲。管仲既用，任
zhèng yú qí qí huán gōng yǐ bà jiǔ hé zhū hóu yì kuāng tiān
政于齐，齐桓公以霸，九合诸侯，一匡天
xià guǎn zhòng zhī móu yě
下，管仲之谋也。

——司马迁[7]

注释

❶ **管仲**：春秋时期法家代表人物。❷ **颍**：颍河，发源于河南，流入安徽。❸ **鲍叔牙**：春秋时期齐国大夫。❹ **游**：交游，交往。❺ **公子小白**：指齐桓公，春秋五霸之一。❻ **公子纠**：齐桓公的同父异母的哥哥。❼ **司马迁**：西汉史学家，创作了中国第一部纪传体通史《史记》。

译文

管仲名夷吾，颍上人。青年时经常与鲍叔牙交往，鲍叔牙知道他有贤才。管仲家境贫困，常常占用鲍叔牙的一部分财产，鲍叔牙却一直待他很好，不因此而生出怨言。后来鲍叔牙侍奉齐国的公子小白，管仲侍奉公子纠。到了小白即位，成为齐桓公后，公子纠被杀死，管仲也被囚禁。鲍叔牙就向齐桓公引荐管仲。管仲被任用以后，在齐国掌管政事。齐桓公因此而称霸，多次召集诸侯会盟，匡正天下，依靠的都是管仲的谋略。

链接

春秋五霸是指春秋时期参与争霸的最具代表性的五位诸侯，有两种说法：一种是齐桓公、晋文公、楚庄王、吴王阖闾和越王勾践；另一种是齐桓公、晋文公、秦穆公、宋襄公和楚庄王。

荀巨伯[1]探友

荀巨伯远看友人疾，值胡贼攻郡，友人语[2]巨伯曰：“吾今死矣，子[3]可去。”巨伯曰：“远来相视，子令吾去，败义[4]以求生，岂荀巨伯所行邪？”贼既[5]至，谓巨伯曰：“大军至，一[6]郡尽空，汝何男子，而敢独止[7]？”巨伯曰：“友人有疾，不忍委[8]之，宁以我身代友人命。”贼相谓曰：“我辈无义之人，而入有义之国。”遂班军[9]而还[10]，一郡并[11]获全。

——《世说新语》

注释

❶**荀巨伯：**东汉时期人。❷**语：**对……说。❸**子：**尊称，相当于“您”。❹**败义：**毁坏道义。❺**既：**已经。❻**一：**整个。❼**止：**停留。❽**委：**丢下，舍弃。❾**班军：**调回军队。班，撤离。❿**还：**回去。⓫**并：**都。

译文

荀巨伯去看望远方生病的朋友，刚好遇上胡人来攻城。朋友对荀巨伯说："我现在是快死的人了，你快离开吧！"荀巨伯说："我大老远来看望你，你却让我离开；败坏道义来求生，哪里是我的行为呢？"贼兵来了，问荀巨伯说："大军一到，全城的人都逃光了，你是什么人，竟敢独自留在这里？"荀巨伯回答说："朋友病了，我不忍心抛下他，宁愿用我的性命来换取朋友的性命。"贼兵听后相互说道："我们这些无义的人，却要攻入这个有道义的地方！"于是调转全部军队回去了，全城都得以保全。

链接

春秋时期，左伯桃和羊角哀一起投奔楚国。两人一起上路，遇上了风雪天气。当时他们所在的地方不见人烟。因为衣衫单薄，他们十分寒冷。左伯桃实在受不住冻，就对羊角哀说："我想百里之内一定不会有人家了。如果将我们两人的衣物、钱合用，一人前往楚国，一定能够到达。我把衣服和钱都给你，等你见了楚王，他一定会重用你，到那时你再来葬我也不迟。"羊角哀不同意，继续前行。走了不远，左伯桃提议找些枯枝生火御寒，让羊角哀找柴禾。等到羊角哀取来柴禾，左伯桃已经脱下衣服，把衣服叠好放着，羊角哀抱着左伯桃放声大哭。左伯桃劝慰道："如果我们都冻死，谁来埋葬我们？"随后，左伯桃就去世了。

后来，羊角哀忍着悲痛和寒冷来到楚国，受到楚王赏识，羊角哀便将左伯桃的事告诉给了楚王，希望请假几天回去安葬左伯桃，楚王同意了。羊角哀安葬了左伯桃后，就自刎而死了，说是要与左伯桃死后继续为友。

山中与裴秀才迪[1]书

近腊月下，景气和畅，故山殊[2]可过[3]。足下[4]方温经，猥[5]不敢相烦，辄便往山中，憩感配寺[6]，与山僧饭讫[7]而去。

北涉玄灞[8]，清月映郭。夜登华子冈[9]，辋水[10]沦涟，与月上下；寒山远火，明灭林外；深巷寒犬，吠声如豹；村墟夜舂，复与疏钟相间。此时独坐，僮仆静默，多思曩[11]昔，携手赋诗，步仄迳[12]，临清流也。

当待春中，草木蔓发，春山可望，轻鲦[13]出水，白鸥矫翼，露湿青皋[14]，麦陇朝雊。斯之不远，傥能从我游乎？

——王　维[15]

注释

❶**裴秀才迪：**裴迪，盛唐著名山水田园诗人之一，诗人王维的好友。❷**殊：**很。❸**过：**过访，游览。❹**足下：**您，表示对人的尊称。❺**猥：**鄙贱。自谦之词。❻**感配寺：**王维的诗集中有游化感寺的诗，《旧唐书·神秀传》中说，蓝田有化感寺。感配寺可能是化感寺之误。❼**饭讫：**吃完饭。讫，完。饭，名词作动词，吃饭。❽**玄灞：**灞，水名。玄，指水的颜色深青。❾**华子冈：**山名，在王维住所附近。❿**辋水：**车轮状的湖水。⓫**曩：**从前。⓬**仄迳：**狭窄的小路。迳，同"径"。⓭**鲦：**小白鱼。⓮**皋：**水边高地。⓯**王维：**唐代诗人、画家。著有《王右丞集》等。

译文

现在已经接近农历十二月的尾声，气候温和舒畅，此时的旧居蓝田山很值得一游。您正在温习经书，不敢冒昧打扰，我就自行到山中，在感配寺休息，跟寺中的住持一起吃完饭，就离开了。

我向北渡过深青色的灞水，清朗的月色照映着城郭。夜里登上华子冈，看到辋水泛起涟漪，水波起伏，水中的月影也随之上下浮动。寒山中闪烁着远处的灯火，在林外看得很清楚。深巷中传来狗凄凉的叫声，像豹子叫一样。村子里有舂米声，又同稀疏的钟声相互交错。这时，我独自坐在那里，僮仆已经入睡，多想念从前你我挽着手吟诵诗赋，漫步在狭窄的小路上，在那清澈的流水旁。

到了春天，草木不断向外生长，春天的山景更可观赏，轻捷的小白鱼跃出水面，白色的鸥鸟张开双翼，露水润湿了青草地，麦田里雉鸟在清晨鸣叫。这些景色离现在不远了，您能和我一起去游玩吗?

访古

秀 才

秀才又称茂才，原指才之秀者，这一名称出自《管子》。从汉朝开始成为荐举人才的考试科目之一。唐朝初年，科举制逐渐发展完善，开科取士完全取代了举荐制，及第者称秀才。后来也作为学校生员的专称。元明以后，秀才被用来称呼读书人。

腊八节

腊八节是在每年的腊月初八这一天。“腊”，本意是干肉，引申为年终岁末用肉祭众神的祭祀活动。农历十二月之所以被称作“腊月”，主要与祭祀有关。

传统新年是从腊日开始的。先秦时期，腊日日期不固定。南朝梁代将腊日固定在腊月初八。腊日主要是祭祀祖先和神灵的节日，所以也叫“腊祭”。它来源于丰收之后的祭神活动。先秦时期，腊祭是“一岁之大祀”，因此，民间的祭祀活动往往盛况空前。

宋代腊八节的民俗活动中引入了佛教因素。传说佛祖释迦牟尼在苦修时，因喝了乳糜粥而得救，并且在腊月初八这一天成佛。为纪念这件事，人们便在这一天煮粥献佛。宋朝吴自牧在《梦粱录》中记载：“此月八日，寺院谓之腊八。大刹等寺俱设五味粥，名曰腊八粥。”其原料可能是五种豆子。南宋时期，腊八粥的原料是胡桃、松子、乳蕈、柿子、栗子等。明清时期，连皇宫也煮腊八粥，而且分赐给百官。

如今，人们最普遍的腊八风俗就是喝腊八粥，即用各种杂粮（大米、小米、豆子等）所煮的粥。普通人一般把腊八粥当作一种富有营养的特殊食品来看待。

文苑小憩

古文游戏

一、看一看，下列图片中所反映的习俗活动，哪一些不属于腊八节？

二、美好的友谊是古往今来人们为之称颂的感情。连一连，请为下面的友谊典故找到对应的出处。

刎颈之交	祐与语，大惊，遂共定交于杵臼之间。
莫逆之交	二人同心，其利断金；同心之言，其臭如兰。
金兰之交	四人相视而笑，莫逆于心，遂相与为友。
杵臼之交	卒相与欢，为刎颈之交。
管鲍之交	郎骑竹马来，绕床弄青梅。同居长干里，两小无嫌猜。
竹马之交	生我者父母，知我者鲍叔也。

卖柑者言

今夫佩虎符[1]、坐皋比[2]者，洸洸[3]乎干城之具[4]也，果能授孙、吴[5]之略耶？峨[6]大冠、拖长绅[7]者，昂昂[8]乎庙堂之器[9]也，果能建伊、皋[10]之业耶？盗起而不知御，民困而不知救，吏奸而不知禁，法斁[11]而不知理，坐[12]縻[13]廪粟[14]而不知耻。

——刘　基[15]

注释

❶ **虎符**：虎形的兵符，古代调兵用的凭证。❷ **皋比**：虎皮，指将军的坐席。比，通“皮”，毛皮。❸ **洸洸**：威武的样子。❹ **干城之具**：捍卫国家的才能。干，盾牌，意为捍卫。具，才能。❺ **孙、吴**：指古代著名军事家孙武和吴起。❻ **峨**：高耸。❼ **长绅**：腰上系的长带子。❽ **昂昂**：器宇轩昂的样子。❾ **器**：才能，本领。❿ **伊、皋**：指古代著名政治家伊尹和皋陶。⓫ **斁**：败坏。⓬ **坐**：白白地。⓭ **縻**：通“靡”，浪费。⓮ **廪粟**：国家的粮食。⓯ **刘基**：字伯温，元末明初军事家、政治家、文学家。

译文

现如今，那些佩戴虎符的人，威武地坐在将军的坐席上，像是在捍卫国家，可是他们真有孙武、吴起的谋略吗？那些戴着高帽子，拖着长丝带的人，看起来器宇轩昂，好像是国家的栋梁之材，他们真的能够建立伊尹、皋陶那样的功业吗？偷盗四起时不懂得抵御，百姓困顿时也不会救助，官吏奸诈时却不知禁止，法度败坏时却不懂得治理，白白地浪费国家粮食却不懂得羞耻。

访古

虎　符

虎符是古代君王传达命令、调动军队的凭证信物，是“兵符”的一种，最早由周朝军事家姜子牙发明。古人认为虎是百兽之王，预示着在争斗中处于不败之地，因此在军事上也以虎为尊，把兵符铸刻成虎的形状，称之为虎符。虎符内部中空，整体一分为二，两边有相同的文字，右边一半由中央保存，左边一半发给统兵将领或地方长官。调兵时，使臣带着剩下的半边符前去，左右验合，命令才能生效。

ē páng gōng fù

阿房宫[1]赋

fēi pín yìng qiáng wáng zǐ huáng sūn cí lóu xià diàn

妃嫔媵嫱[2]，王子皇孙，辞楼下殿，

niǎn lái yú qín zhāo gē yè xián wéi qín gōng rén míng

辇[3]来于秦，朝歌夜弦，为秦宫人。明

xīng yíng yíng kāi zhuāng jìng yě lǜ yún rǎo rǎo shū xiǎo huán

星荧荧，开妆镜也；绿云扰扰，梳晓鬟

yě wèi liú zhǎng nì qì zhī shuǐ yě yān xié wù héng

也；渭流涨腻[4]，弃脂水也；烟斜雾横，

fén jiāo lán yě léi tíng zhà jīng gōng chē guò yě lù lù

焚椒兰[5]也；雷霆乍惊，宫车过也；辘辘[6]

yuǎn tīng yǎo bù zhī qí suǒ zhī yě yì jī yì róng

远听，杳[7]不知其所之也。一肌一容，

jìn tài jí yán màn lì yuǎn shì ér wàng xìng yān yǒu

尽态极妍，缦立[8]远视，而望幸[9]焉。有

bù dé jiàn zhě sān shí liù nián

不得见者，三十六年[10]。

——杜　牧[11]

注释

❶**阿房宫**：秦朝著名宫殿。❷**妃嫔媵嫱**：妃、嫔、嫱，均指王侯的宫妃。媵，陪嫁的侍女。❸**辇**：人拉的车。❹**渭流涨腻**：渭河上泛起的油腻。❺**椒兰**：两种香料植物，焚烧以熏衣物。❻**辘辘**：车行的声音。❼**杳**：踪迹全无。❽**缦立**：久久站立。❾**幸**：古代指天子车驾到某处。

⑩ **三十六年：** 指秦始皇在位的三十六年。⑪ **杜牧：** 字牧之，号樊川居士，晚唐文学大家，著有《樊川文集》。

译文

那些六国的妃嫔侍妾、王子皇孙，他们离开自己的宫殿，坐着辇车来到秦国。早上唱着歌，晚上奏起乐，成为秦国的宫人。那晶莹闪烁的星星，是梳妆的宫妃们打开的镜子；朵朵绿云，是她们在梳理晨妆的发髻；渭河上泛起的油腻，是她们倾倒的胭脂水；烟霭缓缓斜升，云雾横绕天际，那是她们在点燃椒兰熏香；突如其来的雷霆震响，是宫车行驶经过；车声辘辘越来越远，直到宫车无影无踪，不知去向何方。宫女的肌肤和容颜，都美丽娇媚得无以复加，她们久久地站立着，注视着远方，盼望着皇帝驾到。有的三十六年都没见到皇帝一面。

běi shān yí wén

北山移文

shì yǒu zhōu zǐ jùn sú zhī shì jì wén jì
世有周子[1]，俊俗[2]之士，既文既

bó yì xuán yì shǐ rán ér xué dùn dōng lǔ xí yǐn
博，亦玄亦史[3]。然而学遁东鲁[4]，习隐

nán guō qiè chuī cǎo táng làn jīn běi yuè yòu wǒ
南郭[5]，窃吹[6]草堂，滥巾[7]北岳。诱我

sōng guì qī wǒ yún hè suī jiǎ róng yú jiāng gāo nǎi yīng
松桂，欺我云壑。虽假容于江皋[8]，乃缨

qíng yú hǎo jué qí shǐ zhì yě jiāng yù pái cháo fù
情[9]于好爵。其始至也，将欲排巢父[10]，

lā xǔ yóu ào bǎi shì miè wáng hóu fēng qíng zhāng
拉[11]许由[12]，傲百氏，蔑王侯。风情张

rì shuāng qì héng qiū huò tàn yōu rén cháng wǎng huò yuàn
日，霜气横[13]秋。或叹幽人[14]长往，或怨

wáng sūn bù yóu tán kōng kōng yú shì bù hé xuán xuán
王孙[15]不游。谈空空于释部[16]，核[17]玄玄

yú dào liú wù guāng hé zú bǐ juān zǐ bù néng chóu
于道流。务光[18]何足比，涓子[19]不能俦[20]。

——孔稚珪[21]

注释

❶ **周子**：指南朝齐代的周颙。❷ **俊俗**：才智超群。❸ **亦玄亦史**：指周颙涉猎百家。玄，玄学。史，史学。❹ **东鲁**：指颜阖，春秋时期

的隐士。⑤ **南郭**：指南郭子綦，为隐士。⑥ **窃吹**：混在众人中吹奏乐器。⑦ **巾**：隐士所戴的头巾。滥巾，即冒充隐士。⑧ **江皋**：江岸。这里指隐士所居的长江之滨钟山。⑨ **缨情**：系情。⑩ **巢父**：尧时隐士。⑪ **拉**：压倒。⑫ **许由**：尧时隐士。⑬ **横**：弥漫。⑭ **幽人**：隐逸之士。⑮ **王孙**：贵族子弟。⑯ **释部**：佛经。⑰ **核**：研究。⑱ **务光**：传说为夏代隐士，拒不接受天子之位而负石沉水。⑲ **涓子**：传说中的仙人，有三百多岁。⑳ **俦**：匹敌。㉑ **孔稚珪**：南北朝时期人，曾任尚书殿中郎、御史中丞，是一个不乐俗务、热爱山水的文人。

译文

当今世上有位姓周的先生，是个才智超群的人物，他既能作文，学问也渊博，既通晓玄学，又擅长史学。可他却偏偏学颜阖遁世，效仿南郭去隐居，混迹在草堂里滥竽充数，住在北山中冒充隐士。哄诱我山中的青松丹桂，欺骗我山中的白云幽壑，虽然假装在长江边隐居，心里却老想着高官厚禄。他当初来的时候，并不把巢父、许由放在眼里；百家的学说、王侯的尊荣，他都瞧不上。风度之高超过了太阳，志气之凛盛若秋霜。一会儿感叹当今没有幽居的隐士，一会儿又责怪公子王孙不来山林交游。他谈论佛家的“四大皆空”，也研讨道家的“玄之又玄”，自认为即使是上古的务光、涓子之辈，也不如他。

拾趣

齐国的国君齐宣王爱好音乐，尤其喜欢听吹竽，手下有三百个善于吹竽的乐师。齐宣王叫人吹竽，一定要三百人一起吹。有个不会吹竽的南郭先生知道齐宣王的这个癖好，觉得这是个赚钱的好机会，就跑到齐宣王那里吹嘘自己的吹竽技术。齐宣王很高兴，收下了他，让他进了三百人的吹竽队伍中，给他的待遇和那几百人一样。每次演奏时，南郭先生就捧着竽混在队伍中，看上去和别人吹奏得一样投入。

后来齐宣王死了，他的儿子齐湣王继承了王位。齐湣王也爱听吹竽，可是他喜欢让人一个一个地吹，还命令他们一个个地吹竽供他欣赏。乐师们知道命令后都积极练习，只有南郭先生急坏了。他想来想去，觉得这次再也混不过去了，只好连夜逃走了。

敬姜[1]论劳逸

公父文伯[2]退朝，朝其母，其母方绩[3]。文伯曰："以歜之家而主犹绩，惧干[4]季孙[5]之怒也，其以歜为不能事主乎！"

其母叹曰："鲁其亡乎！使僮子[6]备官[7]而未之闻邪？居，吾语女[8]。昔圣王之处[9]民也，择瘠土而处之，劳其民而用之，故长王[10]天下。夫民劳则思，思则善心生；逸则淫[11]，淫则忘善，忘善则恶心生。沃土之民不材，淫也；瘠土之民莫不向义[12]，劳也。"

——左丘明[13]

注释

❶ **敬姜：** 齐侯之女，是鲁国大夫公父文伯的母亲。❷ **公父文伯：** 鲁国大夫，敬姜之子，名歜。❸ **方绩：** 正在纺麻。❹ **干：** 冒犯。❺ **季孙：** 指主持朝政的国卿季孙。❻ **僮子：** 童子。❼ **备官：** 充任官职。❽ **语女：** 告诉你。语，告诉。女，通“汝”，你。❾ **处：** 安置。❿ **长王：** 长久地统治。⓫ **淫：** 放荡。⓬ **向义：** 向往义理。⓭ **左丘明：** 春秋末期史学家、文学家、军事家，代表作《国语》是一部国别体著作。

译文

公父文伯退朝后，去拜见他的母亲。他的母亲正在纺麻。文伯说：“像我们这样的家庭，做主母的您还纺麻，恐怕要惹得主持朝政的国卿季孙生气，他会认为我不能侍奉您啊！”

他的母亲敬姜叹了口气说：“鲁国恐怕是要灭亡了吧！让幼稚无知的人做官，却不告知为官之道吗？坐下，我来告诉你。从前，圣明的君主安置百姓，总是选择贫瘠的土地让他们去居住，使他们辛勤地劳动，再任用他们，所以能长久地统治天下。百姓辛勤劳动，就会想着节俭，想着节俭，就会心生善良，而安逸就会放荡，放荡就会忘掉善心，忘掉善心就会产生恶心。住在肥沃土地上的百姓难以成材，原因就是他们放荡；住在贫瘠土地上的百姓没有不向往义理的，原因是他们辛勤劳动。”

诗词

观刈麦（节选）

［唐］白居易

田家少闲月，五月人倍忙。
夜来南风起，小麦覆垄黄。
妇姑荷箪食，童稚携壶浆。
相随饷田去，丁壮在南冈。
足蒸暑土气，背灼炎天光。
力尽不知热，但惜夏日长。

哀江南[1]赋

若江陵[2]之中否，乃金陵[3]之祸始。虽借人之外力，实萧墙之内起。拨乱之主忽焉，中兴之宗不祀。伯兮叔兮，同见戮于犹子。荆山鹊飞而玉碎，隋岸蛇生而珠死[4]。鬼火乱于平林，殇魂游于新市。梁故丰徙，楚实秦亡。不有所废，其何以昌？有妫[5]之后，将育于姜。输我神器，居为让王。天地之大德曰生，圣人之大宝曰位。用无赖之子弟，举江东而全弃。惜天下之一家，遭东南之反气。以鹑首而赐秦，天何为而此醉！

——庾信[6]

注释

❶ **哀江南：** 语出《楚辞·招魂》“魂兮归来哀江南”一句，借此哀悼故国梁朝的灭亡。❷ **江陵：** 指荆州城。❸ **金陵：** 指南京。❹ **玉碎、珠死：** 比喻显贵者死亡。❺ **有妫：** 远古虞舜时期的姓氏。❻ **庾信：** 南北朝时期文学家，有《庾子山集》传世。

译文

江陵失陷就是金陵之祸的开始，从表面看是外部入侵、叛乱造成祸患，实际上是因为王室的内乱内耗。拨乱反正，使国家兴盛的君主无人祭祀，伯伯和叔叔一起被侄子杀戮，荆山之玉碎，隋侯之珠死，精英损失殆尽，死难者壮志未酬，亡魂不宁，依然在故土上空游荡。大梁迁徙于丰，楚地沦丧于秦，没有梁的灭亡，哪里会有西魏、北周和南陈的兴盛。就像有妫的后代最终取代姜齐的后代一样，夺取了梁朝的皇位。天地之大德，在于使万物生生不息；圣人之大宝，在于有着崇高的地位。任用无赖子弟断送了大好河山。可惜了天下一家的繁盛景象，因为内乱而烟消云散。天帝在酒宴上喝醉了吧，把鹑首两星宿给了秦人。

赋

赋是和诗、词、曲同样重要的中国古典文学文体之一，它讲究文采、韵律，同时具有诗歌和散文的性质。赋大多用四字或者六字的句子，讲究骈偶和句式，韵律和谐，文辞比较华丽，运用的典故较多。

赋产生于战国，到汉唐时期达到鼎盛，宋元以后走向衰弱。司马迁是将“赋”用作文体的第一人。赋原本是介于诗、文之间的文体，更接近于诗体。到了汉文帝时，诗可以谱曲传唱，但屈原的作品因篇章过长，只能诵读，而不能歌唱，于是，司马迁就选择了“赋”这个名称。在《史记》中，司马迁称屈原的作品为赋，《汉书》也称屈原等人的作品为赋。后人因推崇《史记》《汉书》，也把屈原等人的作品称之为赋。第一个把自己的作品称为赋的文人是司马相如。到了西汉末年，文人们就常以“赋”来称呼自己的作品了。

从汉至唐初这段时期，赋近于诗而远于文。从主题上看，楚辞体作品的主题较为单一，多为“悲士不遇”。形式也是仿效屈原作品的体式，比较固定，大都抒写自己的不幸与愁思。屈原的《招魂》全篇铺张夸饰，对汉赋产生了深刻的影响。赋自诞生之时便带有浓厚的文人气息，这也是因为深受楚辞的影响。

汉赋是汉代文学的代表，东汉末年以后，乃至整个南北朝时期，对赋的推崇甚至高过了诗。唐朝时，诗的地位很高，但赋在当时也是很受重视的文体。

文苑小憩

古文游戏

一、读辞赋，找韵律。

凤兮凤兮归故乡，遨游四海求其凰。
时未遇兮无所将，何悟今兮升斯堂！
韵脚：________________

提示：赋作为一种文体，有其格式上的要求，不同的赋对格律的要求也不同，一般会刻意地注重押韵、字数、对偶等。韵脚是每一句诗中同样的位置上互相押韵的字。

二、观察图片，试着认读虎符上的篆书铭文，并把它写下来。

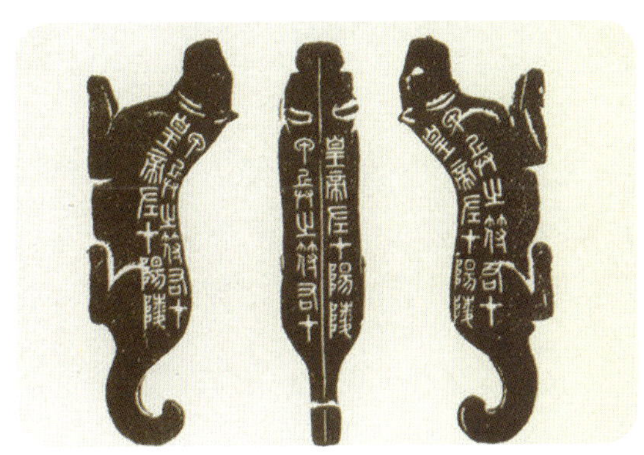

____

____

成语收藏夹

祸起萧墙：萧墙，古代宫室内作为屏障的矮墙，借指内部。后用“祸起萧墙”指祸害起于内部。

造句：这一家人各有打算，最终祸起萧墙。

朝歌夜弦：弦，乐器上发声的丝线，这里指奏乐。形容整天沉迷于声色歌舞之中。

造句：用“朝歌夜弦”来形容这里再合适不过了。

陆绩[1]怀橘

lù jì huái jú

jì nián liù suì yú jiǔ jiāng jiàn yuán shù shù

绩年六岁，于[2]九江见[3]袁术[4]。术

chū jú jì huái sān méi qù bài cí duò dì shù

出橘，绩怀[5]三枚，去，拜辞堕地，术

wèi yuē lù láng zuò bīn kè ér huái jú hū jì guì dá

谓曰："陆郎作宾客而怀橘乎？"绩跪答

yuē yù guī wèi mǔ shù dà qí zhī

曰："欲归遗[6]母。"术大奇[7]之。

——陈　寿[8]

注释

❶**陆绩：**汉末三国时期吴国大臣。❷**于：**在。❸**见：**拜见。❹**袁术：**陆绩父亲的好友。❺**怀：**藏在怀里。❻**遗：**给予，送给。❼**奇：**很惊奇，认为……与众不同。❽**陈寿：**西晋史学家，著有纪传体史学巨著《三国志》。

译文

陆绩六岁的时候，在九江拜见袁术。袁术拿出橘子招待他。陆绩在怀里藏了三个橘子。临走时，陆绩下拜向袁术告别，怀里的橘子掉到地上，袁术对他说："陆绩，你来别人家做客，怀里怎么还藏了橘子？"陆绩跪在地上，回答道："我想带回去送给母亲吃。"袁术对此大为惊奇。

诵读

文章表现了陆绩对母亲的孝顺，朗读时应用欣赏、赞叹的语气。因为文中有对话，所以应该切换不同的口吻，以带给人年龄、性格差异的效果。“陆郎作宾客而怀橘乎”，这句话需读出袁术的疑问语气。

拾趣

陆绩为官时公正清廉，他卸任离开时，除了一些简单的行装和几箱书籍，没有带别的东西。负责运送的船家说：“没有足够的财物压住行船，只怕船难以抵挡海风和巨浪。”说完，船家搬了一块大石头用来压舱，才得以载陆绩平安返回故里。这块石头运到陆绩的家乡后，陆绩的廉洁的美名便随之传开。这块巨石被后人称为“廉石”。

黄香[1]温席

昔[2]汉时黄香，江夏[3]人也。年方[4]九岁，知事[5]亲之理。每当夏日炎热之时，则扇父母帷帐，令枕席清凉，蚊蚋[6]远[7]避，以待亲之安寝；至于冬日严寒，则以身暖[8]其亲之衾[9]，以待亲之暖卧。于是名播京师，号曰：“天下无双，江夏黄香。”

注释

❶**黄香**：东汉时期官员，有名的孝子。❷**昔**：往昔。❸**江夏**：古地名，在今湖北境内。❹**方**：正当。❺**事**：服侍。❻**蚋**：吸人血的小虫。❼**远**：形容词用作动词，使……远。❽**暖**：形容词用作动词，使……暖和。❾**衾**：被子。

译文

汉朝时，有一个叫黄香的江夏人。年纪刚九岁，就已经懂得孝敬长辈的道理。每当夏天很热的时候，他就给父母的帐子扇扇风，让枕头和席子更清凉爽快，使蚊虫避开，让父母睡得舒服；到了寒冷的冬天，他就用自己的身体把父母的被窝变得温暖，好让父母睡起来暖和。因此，黄香的事迹远传京城，人们都称“天下无双，江夏黄香”。

链接

汉文帝刘恒以仁孝闻名于天下，他侍奉母亲从不懈怠。母亲卧病三年，他常常通宵不睡来照顾；母亲所服的汤药，他亲口尝过后才放心让母亲服用。他在位时，以德治天下，注重礼仪和发展农业，使西汉社会稳定，经济得到恢复和发展。

wáng róng jī gǔ zhī chuáng
王戎①鸡骨支床②

wáng róng hé qiáo tóng shí zāo dà sāng jù yǐ
王戎、和峤③同时遭大丧，俱以
xiào chēng wáng jī gǔ zhī chuáng hé kū qì bèi lǐ wǔ dì
孝称。王鸡骨支床，和哭泣备礼④。武帝⑤
wèi liú zhòng xióng yuē qīng shuò xǐng wáng hé fǒu
谓刘仲雄⑥曰：“卿数⑦省⑧王、和不⑨？
wén hé āi kǔ guò lǐ shǐ rén yōu zhī zhòng xióng yuē
闻和哀苦过礼，使人忧之。”仲雄曰：
hé qiáo suī bèi lǐ shén qì bù sǔn wáng róng suī bú
“和峤虽备礼，神气不损；王戎虽不
bèi lǐ ér āi huǐ gǔ lì chén yǐ hé qiáo shēng xiào
备礼，而哀毁骨立。臣以和峤生孝，
wáng róng sǐ xiào bì xià bù yīng yōu qiáo ér yīng yōu róng
王戎死孝。陛下不应忧峤，而应忧戎。”

——《世说新语》

注释

❶**王戎：**字濬冲，晋代人。❷**鸡骨支床：**指骨瘦如柴，意同下文的“哀毁骨立”。❸**和峤：**曹魏后期至西晋初年大臣。❹**备礼：**礼数完备周到。❺**武帝：**指晋武帝司马炎。❻**刘仲雄：**指刘毅，官至司隶校尉、尚书仆射。❼**数：**屡次，经常。❽**省：**探望。❾**不：**同“否”。

译文

王戎和和峤同时遭遇大丧，两人都以孝顺著称。王戎骨瘦如柴，精神委顿；和峤则哀痛哭泣，合于礼数。晋武帝对刘仲雄说：“你经常去探望王戎、和峤吗？听说和峤过于悲痛，真令人担忧。”仲雄说：“和峤虽然礼数周到，精神状态却并没有受到损伤；王戎虽然礼仪不周，可是伤心过度，损害了身体，瘦骨嶙峋。臣认为和峤尽孝不会影响生命，而王戎则哀伤过度会危及性命。陛下不应为和峤担忧，而应该为王戎担忧。”

chún xiào zhī bào

纯孝之报

wú jùn chén yí jiā zhì xiào mǔ hào shí chēng dǐ
吴郡陈遗[1]，家至孝。母好食铛[2]底
jiāo fàn yí zuò jùn zhǔ bù héng zhuāng yì náng měi zhǔ
焦饭，遗作郡主簿，恒装一囊，每煮
shí zhé zhù lù jiāo fàn guī yǐ wèi mǔ hòu zhí sūn ēn
食，辄贮录焦饭，归以遗母。后值孙恩[3]
zéi chū wú jùn yuán fǔ jūn jí rì biàn zhēng yí yǐ jù liǎn
贼出吴郡，袁府君[4]即日便征，遗已聚敛
dé shù dǒu jiāo fàn wèi zhǎn guī jiā suì dài yǐ cóng jūn
得数斗焦饭，未展[5]归家，遂带以从军。
zhàn yú hù dú bài jūn rén kuì sàn táo zǒu shān zé
战于沪渎，败，军人[6]溃散，逃走山泽，
jiē duō jī sǐ yí dú yǐ jiāo fàn dé huó shí rén yǐ wéi chún
皆多饥死，遗独以焦饭得活。时人以为纯
xiào zhī bào yě
孝之报也。

——《世说新语》

注释

❶**陈遗**：生平事迹不详。❷**铛**：平底铁锅。❸**孙恩**：司马道子当政时，孙恩率众反叛，后为刘裕所败，投水自尽。❹**袁府君**：袁山松，晋朝吴郡太守。孙恩攻沪渎，袁山松固守，城陷而死。❺**未展**：来不及。❻**军人**：这里指官兵。

译文

吴郡人陈遗在家非常孝顺。陈遗的母亲喜欢吃锅巴，他任郡主簿的时候，总是带着一个口袋，每次煮饭，就把锅巴储存起来，带回家给母亲吃。后来遇上孙恩叛军流窜到吴郡，太守袁山松马上要出兵征讨，这时陈遗已经积攒了几斗锅巴还来不及送回家，于是他便带着这袋锅巴随军出征了。双方在沪渎交战，袁山松战败了，官兵溃散，都逃到山林沼泽地带，多数人饿死了，唯独陈遗靠锅巴活了下来。当时的人认为这是他淳厚的孝心所得的好报。

访古

郡县制

郡县制是一种地方管理行政制度，起源于春秋时期的秦国。秦穆公时，晋惠公对秦国使者谈到“君实有郡县”，是中国历史上最早关于郡制的记载。秦始皇统一天下之后，廷尉李斯建议实行郡县制，得到采纳，共设三十六郡，郡下辖县。秦朝为中国历史上最早在全境推行郡县制的朝代。

wò bīng qiú lǐ

卧冰求鲤

wáng xiáng zì xiū zhēng láng yá lín yí rén xìng
王祥[1]字休征，琅邪[2]临沂人。性
zhì xiào zǎo sàng qīn jì mǔ zhū shì bù cí shuò zèn
至孝。早丧亲，继母朱氏不慈[3]，数谮[4]
zhī yóu shì shī ài yú fù měi shǐ sǎo chú niú xià
之，由是失爱于父，每使扫除牛下[5]。
fù mǔ yǒu jí yī bù jiě dài mǔ cháng yù shēng yú shí
父母有疾，衣不解带。母常欲生鱼，时
tiān hán bīng dòng xiáng jiě yī jiāng pōu bīng qiú zhī bīng hū zì
天寒冰冻，祥解衣将剖冰求之，冰忽自
jiě shuāng lǐ yuè chū chí zhī ér guī mǔ yòu sī huáng què
解，双鲤跃出，持之而归。母又思黄雀
zhì fù yǒu huáng què shù shí fēi rù qí mù fù yǐ gòng
炙[6]，复有黄雀数十飞入其幕，复以供
mǔ xiāng lǐ jīng tàn yǐ wéi xiào gǎn suǒ zhì yān
母。乡里惊叹，以为孝感所致焉。

——《晋书》[7]

注释

❶ **王祥：** 魏晋时期大臣。❷ **琅邪：** 古地名，位于今山东省东南部。邪，通“琊”。❸ **慈：** 慈爱。❹ **谮：** 说坏话诬陷别人。❺ **牛下：** 指牛棚。❻ **炙：** 烤肉。❼ **《晋书》：**“二十四史”之一，唐朝房玄龄等人合著，记载了三国至东晋时的历史。

译文

王祥字休征，是琅琊临沂人。他天性十分孝顺。他小时候母亲就去世了，继母朱氏不慈爱，多次在他父亲面前说他的坏话，因此王祥从小就失去父爱，经常被使唤打扫牛棚。父母有病，他日夜照顾不去休息。继母常常想吃鲜鱼，当时天气严寒，河面结冰，王祥脱下衣服，准备破冰抓鱼。冰面自动破开，两条鲤鱼从中跃出，王祥把它们拿回家。继母又想吃烤黄雀，又有几十只黄雀飞进帐幕里，他又拿去供奉继母。同乡人都感到惊叹，认为是王祥的孝心感动了天地。

拾趣

蔡顺，汉代汝南（今属河南）人，自幼没有父亲，他照顾母亲非常孝顺。当时正值王莽之乱，又加上饥荒，柴米昂贵，母子俩只得拾桑葚充饥。一天，碰巧遇到军队，士兵厉声问道："为什么把红色的桑葚和黑色的桑葚分开装在两个篓子里？"蔡顺回答说："黑色的桑葚给母亲食用，红色的桑葚留给自己吃。"士兵怜悯他的孝心，就送给他三斗白米、一头牛，让他带回去供奉他的母亲。

小年祭灶

“小年”并不是专指一个日子，由于各地风俗的差异，被称为“小年”的日子也不相同。如北方地区是腊月二十三，南方大部分地区是腊月二十四，江浙沪地区把腊月二十四和除夕前一夜都称为小年，南京地区称正月十五元宵节为小年等。一般来说，到了小年，人们便开始准备年货、扫尘、祭灶等，代表了一种辞旧迎新、迎祥纳福的美好愿望。

祭灶是小年的主要习俗之一。祭灶就是祭拜灶神。古人认为灶神的职责是执掌灶火，管理饮食，后来扩大为考察人间善恶，以降福祸。传说灶神每年在农历腊月二十四日至除夕，会上天报告所在这户人家的善恶情况。因此，人们会在前一天拜灶王爷，希望他讲好话。人们还用糖做祭品，为的是让他的嘴“甜”一点，多说好话，少说坏话。

灶神的观念在先秦时期就已经出现了，但当时人们是在初夏或腊日祭祀灶神。宋代盛行于腊月二十四日送灶神上天。北宋范成大的《祭灶诗》中详细叙述了当时人们用美酒和佳肴款待灶神，希望他“上天言好事，下地降吉祥”的情形。元代周密《乾淳岁时记》记录祭灶的祭品是糖饼和糖粥。清代《燕京岁时记》记载了当时北京人用各种糖祭祀灶神，并用清水和草料祭祀灶神的马。

文苑小憩

古文游戏

一、中国有一个传统习俗，农历腊月二十三日或二十四日要过“小年”，这一天人们通常要吃（　　）。

A. 元宵　　B. 饴糖　　C. 月饼　　D. 饺子

二、下面是流传在民间的各种神仙的画像，你知道他们分别是谁吗？

（　　）　（　　）　（　　）

（　　）　（　　）　（　　）

提示

古代的人们供奉着许多神，他们是人们生活中的守护神。有人认为，守护神能助人心想事成，逢凶化吉。清代大学者纪晓岚在他的《阅微草堂笔记》里就说：“百工技艺，各祠一神为祖。”

守株[1]待兔

shǒu zhū dài tù

sòng rén yǒu gēng zhě tián zhōng yǒu zhū tù zǒu chù zhū
宋人有耕者。田中有株。兔走[2]触株，

zhé jǐng ér sǐ yīn shì qí lěi ér shǒu zhū jì
折颈而死。因[3]释[4]其耒[5]而守株，冀[6]

fù dé tù tù bù kě fù dé ér shēn wéi sòng guó xiào
复得兔。兔不可复得，而身为宋国笑。

——《韩非子》[7]

注释

❶**株：**露在地面上的断树根。❷**走：**跑。❸**因：**于是。❹**释：**放下。❺**耒：**古代用来耕田的一种农具。❻**冀：**希望。❼**《韩非子》：**后人收集、整理战国末期的思想家韩非所著的文章而编纂成的著作，其中宣扬的法治思想，为封建君主专制制度提供了理论依据。

译文

宋国有个农民，他的田里有一截树桩。一天，一只跑得飞快的兔子撞在了树桩上，扭断了脖子死了。于是，农民便放下他的农具日夜守在树桩旁边，希望能再得到一只兔子。然而兔子是不可能再得到的，而他自己也被宋国人耻笑。

诵读

因/释其耒/而守株，冀/复得兔。兔/不可复得，而/身为/宋国笑。

读到这个农民不劳作只守株时，可带一点嘲笑的意味。读到最后时，可以想象大家都在笑话这个农民，进而表现出讽刺的感觉。

访古

古人的耕种工具

古人有一些常用的耕种工具，除了文中提到的耒之外，还有铲土、耘苗、除草用的铲，开垦土地、砍伐树木用的锛，割庄稼或草用的镰，捣谷用的杵和臼，除草、疏松植株周围的土壤用的锄，耕地用的犁等。

揠[①]苗助长

yà miáo zhù zhǎng

sòng rén yǒu mǐn qí miáo zhī bù zhǎng ér yà zhī zhě máng máng rán guī wèi qí rén yuē jīn rì bìng yǐ yú zhù miáo zhǎng yǐ qí zǐ qū ér wǎng shì zhī miáo zé gǎo yǐ

宋人有闵[②]其苗之不长而揠之者，芒芒然[③]归，谓其人曰："今日病[④]矣，予助苗长[⑤]矣。"其子趋[⑥]而往视之，苗则槁[⑦]矣。

——《孟子》[⑧]

注释

❶**揠**：拔。❷**闵**：同"悯"，担心，忧虑。❸**芒芒然**：芒，同"茫"，茫茫然，疲惫不堪但十分满足的样子。❹**病**：疲惫，劳累。❺**长**：生长，成长。❻**趋**：快步走。❼**槁**：草木干枯，枯萎。❽**《孟子》**：战国中期的思想家孟子及其弟子等著，书中记载了孟子及其弟子的政治、教育、哲学、伦理等思想观点。

译文

宋国有个农夫担心自己田里的禾苗长得太慢，就跑到田里，把禾苗一株一株地往上拔高一截，忙了一天才疲惫不堪地回到家里，他对家里人说："今天可把我累坏了，我帮助禾苗长高了一大截。"他的儿子快步走到田里一看，禾苗都枯死了。

拾趣

古代有个叫王蓝田的人，他性子很急。有一次吃鸡蛋，他先用筷子扎，没有扎到，便十分生气，把鸡蛋扔到地上。鸡蛋在地上转个不停，他从座位上下来用鞋去踩鸡蛋，又没有踩到。他气得不行，又从地上捡起鸡蛋，放入口中，把蛋咬破了再吐掉。

访古

五谷

“五谷”指五种谷物。在古代有多种不同的说法，最主要的有两种，一种指稻、黍、稷、麦、菽，另一种指麻、黍、稷、麦、菽。在古代，这些就是主要的农作物。随着经济和农业的发展，五谷的概念也有了新的变化，现在一般说五谷都是泛指粮食作物了。

kè zhōu qiú jiàn

刻舟求剑

chǔ rén yǒu shè jiāng zhě qí jiàn zì zhōu zhōng zhuì yú shuǐ
楚人有涉[1]江者，其剑自舟中坠[2]于水，
jù qì qí zhōu yuē shì wú jiàn zhī suǒ cóng zhuì zhōu
遽[3]契[4]其舟，曰：“是吾剑之所从坠。”舟
zhǐ cóng qí suǒ qì zhě rù shuǐ qiú zhī zhōu yǐ xíng yǐ ér jiàn
止，从其所契者入水求之。舟已行[5]矣，而剑
bù xíng qiú jiàn ruò cǐ bú yì huò hū
不行，求剑若此，不亦惑[6]乎！

——《吕氏春秋》

注释

❶**涉**：过，渡。❷**坠**：掉落。❸**遽**：急忙，赶快。❹**契**：雕刻。❺**行**：行驶。❻**惑**：糊涂，愚蠢。

译文

从前，有个楚国人乘船渡江，一不小心，他佩带的剑从船上掉进了江里。他急忙在船舷上刻下一个记号，说：“这就是我的剑掉下水的地方。”船靠岸后，这个人顺着船舷上刻的记号下水去找剑，但找了半天也没有找到。船已经走了很远，而剑还在原来的地方没有动。用这样的办法来找剑，不是很糊涂吗？

拾趣

轩轩这天在外面玩到晚上才回家，到了家门口却发现自己的钥匙丢了，家里也没有其他人，他打算到回家的路上去寻找。但他找的时候只围着楼下的路灯转来转去，怎么也找不到。有人觉得很奇怪，就问他在干什么，他如实回答了别人。那人就问他：“那你为什么只在这里找呢？应该沿路去找呀！”轩轩说：“别的地方没有灯，看不到呀！”

访古

古代的剑

剑，古代的兵器之一，属于“短兵”。古代的剑由金属制成，长条形，前端尖，后端安有短柄，两边有刃。剑又称“轻吕”“长铗”等。

yǎn ěr dào zhōng
掩耳盗钟

fàn shì zhī wáng yě bǎi xìng yǒu dé zhōng zhě yù
范氏①之亡②也，百姓有得钟者。欲
fù ér zǒu zé zhōng dà bù kě fù yǐ chuí huǐ zhī zhōng
负③而走，则④钟大不可负。以椎⑤毁之，钟
kuàng rán yǒu yīn kǒng rén wén zhī ér duó jǐ yě jù yǎn qí ěr
况然⑥有音。恐人闻之而夺己也，遽掩其耳。
wù rén wén zhī kě yě wù jǐ zì wén zhī bèi yǐ
恶人闻之可也，恶己自闻之，悖⑦矣。

——《吕氏春秋》

注释

❶ **范氏**：指范昭子，春秋末年晋国六卿之一。❷ **亡**：逃亡。❸ **负**：用背驮东西。❹ **则**：但是。❺ **椎**：木槌。❻ **况然**：形容钟声很响。况，击钟的声音。❼ **悖**：荒谬。

译文

范氏逃亡的时候，有个人得到了他的一口钟，这个人想要背着它逃跑。但是，这口钟太大了，不好背，他就打算用木槌砸碎后再弄走。拿木槌一敲，钟就发出很大的响声。他生怕别人听到钟声后来把钟夺走，就急忙把自己的耳朵捂住。害怕别人听到钟的声音，这是可以理解的，但捂住自己的耳朵就以为别人也听不到了，这就太荒谬了。

拾趣

古时候，楚国有个穷书呆子，看了《淮南子》后，得知螳螂以叶隐形捕捉知了。他也去摘叶子想隐形，谁知摘下来的叶子掉到了一堆叶子里，他便一片一片地去试，他妻子被他烦得没了耐心，敷衍他说“看不见了”，他便以为自己成功了。于是，这个人带着叶子，到街上当着别人的面偷东西，结果被抓了。

访古

古代的钟

钟是古代汉族的一种打击乐器，起源于商朝，大多是用青铜制作的。钟在古代不仅是乐器，还是地位和权力象征的礼器。王公贵族在朝聘、祭祀等各种仪典、宴飨与日常燕乐中，广泛使用着钟乐。此外，钟也是报时的器物。

yú rén shí yán
愚人食盐

xī yǒu yú rén zhì yú tā jiā zhǔ rén yǔ shí xián dàn wú
昔有愚人，至于他家，主人与食，嫌淡无
wèi zhǔ rén wén yǐ gèng wèi yì yán jì dé yán měi
味。主人闻已[1]，更[2]为益[3]盐。既得盐美，
biàn zì niàn yán suǒ yǐ měi zhě yuán yǒu yán gù shǎo yǒu shàng
便自念言：“所以[4]美者，缘[5]有盐故。少有尚
ěr kuàng fù duō yě yú rén wú zhì biàn kōng shí yán shí
尔，况复多也？”愚人无智，便空[6]食盐。食
yǐ kǒu shuǎng fǎn wéi qí huàn
已口爽[7]，返为其患。

——僧伽斯那[8]

注释

❶**闻已：**听罢。❷**更：**复，再。❸**益：**增加。❹**所以：**表原因。❺**缘：**因为。❻**空：**空口。❼**口爽：**口干舌燥。❽**僧伽斯那：**古天竺法师，一生研究佛学，著有《修行经》《大道地经》《百喻经》等，其中《百喻经》最为人熟知，是用寓言以申教戒的一部著作。

译文

从前有一个愚蠢的人，到别人家去做客，主人招待他吃饭，他嫌食物淡而无味。主人知道后，又为他加了一点盐。加了盐之后，这个人觉得菜的味道变得十分美味，于是就自言自语：“这个菜之所以变得这么好吃，是因为加了盐的缘故。稍微加一点盐，就这么好吃，更何况盐多呢？”这个愚蠢的人没有智慧，于是就空口吃盐。吃了以后，口干舌燥，反而感到十分痛苦。

诵读

所以/美者，缘/有盐/故。少有/尚尔，况/复多也？

访古

古代的盐

在古代，食盐的提取工艺落后，而且运输非常不方便，但是它又是一种生活必需品，这就导致食盐的价格比较高。古时不允许民间私自贩盐，盐的生产、运输和售卖都由朝廷严加管理。

除　夕

“除夕”，就是“除去旧年的夜晚”，一般指腊月三十，也就是旧年的最后一个晚上。在这个晚上，人们将告别旧年，迎来新年。

新年，人们的第一个愿望就是全家团圆。腊月三十日的晚饭，俗称年夜饭，或团圆饭，它非常丰盛，要求全体家庭成员都在场。如果有人远在异地无法赶回，则要空一个座位给他。团圆是人们对于幸福生活最基本的要求。

团圆饭之后，人们开始“守岁”。所有房间里都要点上灯烛，甚至还要特意在床底下也点上灯烛，这叫作“照虚耗”，据说这样照过之后，来年家中就会财物充实。此外，除夕夜还要点上专门的“岁火”，火越旺越好，并且通宵不灭，全家人团聚在一起，守着“岁火”直到天亮，迎接新年第一天的降临，因此，“守岁”又叫“熬年”。

守岁民俗的起源很早，南北朝时期已经流行。守岁时，全家欢聚，饮花椒酒、屠苏酒，吃五辛盘，目的是驱邪、除病、保健。古代皇帝也守岁，并和臣子们一起赋诗助兴。为什么要守岁呢？按南北朝时期的说法，除夕之夜会有“山间恶鬼”出没。后来民间有“年兽”吃人的传说，其实体现了人们对这个辞旧迎新的重要时刻的恐惧和担忧。于是，大家彻夜不眠，全家人一起相互加油鼓劲儿。所以，守岁寄托着人们对于美好未来的强烈期待，希望即将到来的新年是一个充满希望的新开端。此外，守岁还有另外一层含义：年老的人守岁叫“辞旧岁”，有珍爱光阴的意思；年轻的人守岁，是希望延长父母的寿命。总之，除夕之夜，是一个凝聚亲情、充满温馨的夜晚。

文苑小憩

古文游戏

一、读《买椟还珠》的故事，根据提示补写古文。

　　有个楚国商人在郑国出售珍珠。他用名贵的木兰木料做小盒子，用桂椒把盒子熏香，用珠玉点缀，用玫瑰、翡翠装饰。一个郑国人买走了这个盒子，却把珍珠还给了他。这真是善于卖盒子，而不能说是善于卖珍珠啊。

　　古文：楚人有卖其珠于郑者。为木兰之椟，熏以□□，□□□□，饰以□□，辑以翡翠。郑人买其椟而还其珠。此可谓善卖椟矣，未可谓善鬻珠也。

二、古人的除夕是怎么度过的呢？请整理出正确的除夕活动顺序。

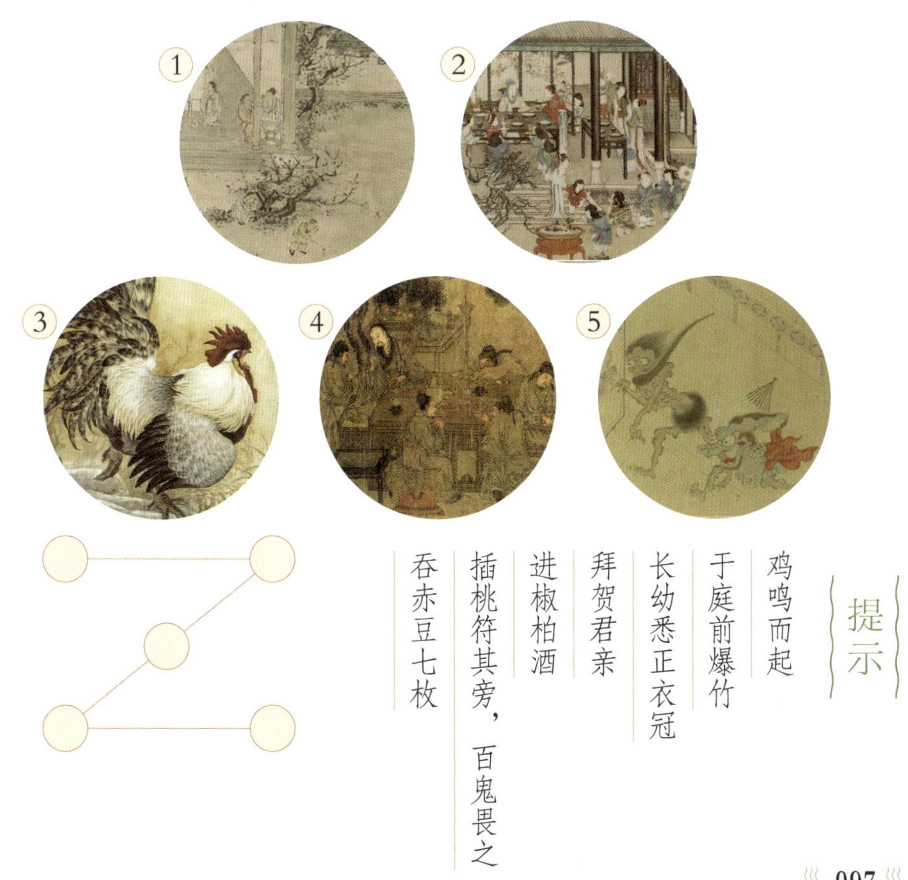

yù shí bàn bǐng yù
欲食半饼喻

pì rú yǒu rén, yīn qí jī gù, shí qī méi jiān bǐng.
譬如有人，因其饥故，食七枚煎饼。
shí liù méi bàn yǐ, biàn dé bǎo mǎn. qí rén huì huǐ, yǐ
食六枚半已①，便得饱满。其人恚悔②，以
shǒu zì dǎ, ér zuò shì yán: "wǒ jīn bǎo zú, yóu cǐ
手自打，而作是③言："我今④饱足，由此
bàn bǐng. rán qián liù bǐng, táng zì juān qì. shè zhī bàn
半饼。然前六饼，唐⑤自捐弃⑥。设⑦知半
bǐng néng chōng zú zhě, yīng xiān shí zhī."
饼能充足者，应先食之。"

——僧伽斯那

注释

❶**已**：停止，完毕。❷**恚悔**：愤怒而懊悔。❸**是**：这。❹**今**：现在。❺**唐**：徒然。❻**捐弃**：浪费。❼**设**：假如。

译文

比如说有一个人，因为肚子饿的缘故，买了七块煎饼吃。当吃到六块半时停住了，觉得已经吃饱。他自责又懊悔，用手打了自己，又这样说："我现在饱了，是因为吃了这半个饼，前面的六个饼都白白浪费了！假如知道这半个饼能吃饱，就应该先吃的。"

拾趣

从前有一个人，将要宴请宾客，便想储存大量的牛奶，准备在宴席上用，他想："我要是现在天天挤牛奶，牛奶渐渐多起来，最后没地方放，或许还会变坏呢，不如就让它存在牛肚子里，等到宴会时，再一并挤出来，不是更好吗？”因此，他就把母牛和小牛分开，系在不同的地方。一个月以后，宴请宾客的日子到了，他将母牛牵来，想挤牛奶，但母牛的乳房瘪瘪的，一滴奶也没有。客人们就有的瞪着他，有的嗤笑他。

郑①人买履②

郑人有且③置履者，先自度④其足而置之其坐⑤，至⑥之市而忘操之。已得履，乃曰："吾忘持度⑦。"反归取之。及反，市罢，遂不得履。人曰："何不试之以足？"曰："宁信度，无自信也。"

——《韩非子》

注释

❶**郑：**春秋时期郑国，在今河南省的新郑市。❷**履：**鞋子。❸**且：**将要。❹**度：**衡量。❺**坐：**通"座"，座位。❻**至：**等到。❼**度：**量好的尺码。

译文

有个将要买鞋子的郑国人，他先自己用尺子量好脚的尺码，然后把尺码放在了座位上，等到去集市，却忘了带上量好的尺码。他已经拿到了鞋子，却说："我忘记带尺码了。"便返回家去取。等到他返回集市，集市已经散了，于是这个人没能买到鞋子。有人问他说："为什么你不用自己的脚去试一试呢？"他说："我宁可相信量好的尺码，也不相信自己的脚。"

拾趣

鲁国有个人拿着长长的竹竿进城。到了城门，他发现把竹竿竖起来拿，不能进城，横过来拿，也不能进城。他实在想不出其他的办法。不一会儿，有个老人来到这里，对他说："我并不是圣贤之辈，只是见到的事情多些，为什么不用锯子将竹竿从中截断，再进入城门呢？"那个鲁国人于是依照老人的办法，将长竹竿截断，拿进城去。

zì xiāng máo dùn

自相矛盾

chǔ rén yǒu yù dùn yǔ máo zhě, yù zhī yuē:
楚人有鬻[1]盾与矛者，誉[2]之曰：

wú dùn zhī jiān, wù mò néng xiàn yě. yòu yù qí máo
“吾盾之坚，物莫能陷[3]也。”又誉其矛

yuē: wú máo zhī lì, yú wù wú bú xiàn yě. huò yuē:
曰：“吾矛之利[4]，于物无不陷也。”或曰：

yǐ zǐ zhī máo xiàn zǐ zhī dùn, hé rú? qí rén fú néng
“以子之矛陷子之盾，何如？”其人弗能

yìng yě. fú bù kě xiàn zhī dùn yǔ wú bú xiàn zhī máo, bù
应也。夫[5]不可陷之盾与无不陷之矛，不

kě tóng shì ér lì.
可同世而立。

——《韩非子》

注释

❶**鬻：**卖。❷**誉：**夸耀。❸**陷：**穿透，刺穿。❹**利：**锋利。❺**夫：**放在句首，表示将要发表议论。

译文

楚国有个卖盾和矛的人，他夸自己的盾说：“我的盾很坚硬，任何东西都穿不透它。”又夸自己的矛说：“我的矛很锐利，没有什么东西是穿不透的。”有人问他：“拿你的矛去刺你的盾，结果会怎样？”那人便答不上话来了。坚不可穿的盾和无坚不穿的矛，是不可能同时存在的。

访古

古代的矛和盾

矛是古代用来刺杀敌人的进攻型武器，主要应用在车战时代。远古时期，人们将兽角或尖石绑在木杆或竹竿上，用来猎捕陆地上的野兽或水中的鱼鳖，这就是矛的雏形。盾是一种防御、助攻型武器，有利于分解刺的力量，用于防箭和维持阵列。

过江诸人[①]

guò jiāng zhū rén

过江诸人，每至美日[②]，辄相邀新亭[③]，藉卉[④]饮宴。周侯[⑤]中坐而叹曰：“风景不殊[⑥]，正自[⑦]有山河之异！”皆相视流泪。唯王丞相[⑧]愀然[⑨]变色曰：“当共勠力[⑩]王室，克复[⑪]神州[⑫]，何至作楚囚[⑬]相对！”

——《世说新语》

注释

❶ **过江诸人**：指从北方南渡到建康来的诸位人士。❷ **美日**：风和日丽、天朗气清的日子。❸ **新亭**：三国时吴国所建，故址在今江苏南京，东晋时为朝士游宴之所。❹ **藉卉**：坐卧在草地上。藉，坐卧其上。卉，草。❺ **周侯**：周顗，晋朝名士、大臣，袭父爵武城侯，故称周侯。❻ **不殊**：没有两样。❼ **正自**：只是。❽ **王丞相**：王导，晋元帝过江即位，任王导为丞相。❾ **愀然**：脸色突然改变的样子。❿ **勠力**：协力。⓫ **克复**：收复。⓬ **神州**：指中原一带。⓭ **楚囚**：指囚犯。相传楚国钟仪被晋所俘，晋人称之为楚囚，后人常用楚囚代指俘虏、囚犯。

译文

从北方南渡来避难的士人们，每当风和日丽的好天气，总是相邀一起到新亭，坐在草地上聚会饮酒。周顗坐在其中，感叹道：“风景没有什么两样，只是山河有了变化！”大家都相视流泪。只有王导脸色大变说：“我们应当同心协力辅佐王室，恢复中原，为何要像楚囚那样相对哭泣！”

访古

南　渡

南渡，是向南渡过某些江河的意思。同时，它也指某个政权被迫迁往南方，借以等待时机恢复统治。我国古代比较强大的朝廷，其政治中心一般都在北方。他们会面临一个问题——北方游牧民族的骚扰。如果自己的实力不够强大，统治政权就可能被迫选择“南渡”，以保护政权。

chuān jǐng dé yì rén

穿①井得一人

sòng zhī dīng shì jiā wú jǐng ér chū gài jí cháng yì

宋②之丁氏，家无井而出溉汲③，常一

rén jū wài jí qí jiā chuān jǐng gào rén yuē wú chuān jǐng

人居外。及④其家穿井，告人曰：“吾穿井

dé yì rén yǒu wén ér chuán zhī zhě dīng shì chuān jǐng dé

得一人。”有闻而传之者：“丁氏穿井得

yì rén guó rén dào zhī wén zhī yú sòng jūn sòng

一人。”国人⑤道⑥之，闻之于宋君⑦。宋

jūn lìng rén wèn zhī yú dīng shì dīng shì duì yuē dé yì rén

君令人问之于丁氏，丁氏对⑧曰：“得一人

zhī shǐ fēi dé yì rén yú jǐng zhōng yě qiú wén zhī ruò

之使⑨，非得一人于井中也。”求闻之若

cǐ bú ruò wú wén yě

此，不若无闻也。

——《吕氏春秋》

注释

❶ **穿**：挖掘、开凿。❷ **宋**：西周及春秋战国时期的诸侯国，在今河南商丘一带。❸ **溉汲**：打水浇田。溉，浇灌、灌溉。汲，从井里取水。❹ **及**：待，等到。❺ **国人**：指居住在国都中的人。❻ **道**：讲述。❼ **闻之于宋君**：使宋国的国君知道这件事。闻，知道、听说，这里是“使知道”的意思。❽ **对**：应答，回答。❾ **得一人之使**：得到一个人使唤，指得到一个人的劳力。

译文

宋国有户姓丁的人家，家里没有水井，要出门去打水，就常派一个人在外专门打水。等到他家挖了水井后，他告诉别人说："我家挖了水井，得到一个空闲的人力。"有人听了就去传播："丁家挖井挖到了一个人。"全国的人都把"穿井得一人"这个消息互相传说，一直传到宋国国君那里。宋国国君派人向这个姓丁的人家问清楚情况，姓丁的答道："得到一个空闲的人力，而并非在井内挖到了一个活人。"像这样以讹传讹、道听途说，还不如什么都没听到的好。

拾趣

战国时期，诸侯攻伐不断，为了约束对方遵守约定，国与国之间通常将太子交给对方作为人质。魏国大臣庞葱将要陪魏太子到赵国去作人质，他问魏王："现在如果有一个人说街上出现了老虎，大王相信吗？"魏王说："我不相信。"庞葱又问："如果有第二个人说，大王相信吗？"魏王说："我有些将信将疑了。"庞葱继续问："如果有第三个人说街上出现了老虎，大王相信吗？"魏王回答："我当然会相信。"于是庞葱说："街上一般不会有老虎，可是经过三个人一说，好像真的有了老虎了。现在赵国国都邯郸离魏国国都大梁，比这里的街市远了许多，批评我的人又不止三个人。希望大王明察才好。"魏王说："这我知道。"后来庞葱陪太子回国，魏王果然没有再召见他了。

春　节

春节，是我们现代人对于农历新年的称呼。我国各种传统历法（夏历、殷历、周历）的正月初一就是新年。在古代被称为“新正”“元旦”“正旦”“元日”“上日”“岁首”“新年”，即一年的开端。又叫“三朝”“三始”“三元”。汉代的《尚书大传》中记载正月一日是一年的开端，一月的开端，一日的开端。

不过，需要指出的是，在我国上古时期，每年以哪个月为第一个月，各个朝代并不完全相同。据说，夏朝把一月作为每年的第一个月，而商朝、周朝、秦朝却分别把十二月、十一月、十月作为每年的第一个月。这些朝代每次更改月份次序，都把更改后的第一个月称作“正月”。

但不管是哪个朝代，正月初一的春节都是一年中的第一大节日，都要举行各种隆重的庆祝活动。其中有严肃的礼仪，比如大臣在春节向皇帝贺正、皇帝赐宴、大臣之间团拜，而民间则有大量的辞旧迎新、敬神祈福的风俗，是人们共同的盛大节日。

春节的民俗活动主要包括两个方面：辞旧岁，迎新年。从腊月初八的腊八节、腊月二十三的祭灶节、除夕守岁、初一拜年、初五“破五”、初七人日，一直延续到正月十五元宵节，其间的各种民俗活动都和春节相关，人们通常把它们看作过年的一部分。

文苑小憩

古文游戏

一、“爆竹声中一岁除，春风送暖入屠苏”，这里的“屠苏”指的是（　　）。

A. 苏州　　B. 房屋　　C. 酒　　D. 庄稼

二、下列图片所反映的活动，哪些不属于春节习俗？（　　）

A. 

B. 

C. 

D. 

成语收藏夹

自相矛盾：矛，长矛，一种用以刺杀的武器。盾，盾牌，一种用以抵挡刺杀、保护自己的武器。后用“自相矛盾”指言行前后不一或互相抵触。

造句：他说话有些自相矛盾。

郑人买履：郑，春秋时诸侯国名。履，鞋。后用“郑人买履”指只知生搬条文，而不考虑实际情况的教条做法。

造句：我们做事要根据实际情况来，不能像郑人买履一样。

为母遗羹[1]

颍考叔[2]为颍谷封人[3]，郑庄公[4]赐之食，食舍肉[5]。公问之，对曰："小人有母，皆尝小人之食矣，未尝君[6]之羹，请以遗之[7]。"

——左丘明

注释

❶ **羹：**带浓汤的食物。这里泛指食物。❷ **颍考叔：**春秋时期郑国大夫，执掌颍谷（今河南登封西）。❸ **封人：**管理边界的地方长官。❹ **郑庄公：**春秋初年郑国的第三位国君。❺ **舍肉：**舍弃肉食。❻ **君：**国君，指郑庄公。❼ **遗之：**送给她。遗，送。

译文

颍考叔担任管理颍谷边界的地方官，郑庄公赐给他食物，颍考叔吃的时候留下肉没有吃。庄公问他为什么不吃，他对庄公说："我有母亲，她平时都是吃我孝敬她的饭菜，还没有尝过国君的饭菜，我请求您允许我把这些菜留给她吃。"

拾趣

郑庄公和他的弟弟共叔段都是武姜所生的。但郑庄公在出生时难产，母亲武姜认为他是一个不祥之人，就很不喜欢他，而偏爱小儿子共叔段，还想让共叔段继承父亲的王位。后来，郑庄公即位，武姜不死心，鼓动共叔段叛乱。尽管共叔段的叛乱很快被平息，但郑庄公对母亲的偏心产生了怨恨，发誓不到“黄泉”就不和母亲见面。颍考叔见庄公母子失和，非常痛心。于是，他命人捉了几只猫头鹰，亲自献给郑庄公。郑庄公问道：“这是什么鸟？”颍考叔说：“这种鸟叫鸮，母鸟把它哺育长大后，它就狠心地吃掉母鸟。但它肉味鲜美，特地捉来献给大王。”庄公听了，只是默默不语。中午，郑庄公设宴招待，颍考叔把肉放在一旁不吃，接下来就发生了选文中的对话。郑庄公由颍考叔想到了自己的母亲，非常后悔。之后他听从颍考叔的建议，命人挖了一条地道，直到挖出泉水，然后设计把武姜安置在里面。郑庄公走进地道与武姜相见，两人抱头痛哭，从此恢复了从前的母子关系。

对食悲泣

续[1]母自吴[2]来洛阳，作食以馈[3]续。续虽见考[4]，辞色[5]未尝变，而对食悲泣不自胜[6]。治狱使者问其故[7]，续曰："母来不得见，故悲耳[8]。"问："何以知之？"续曰："母截肉未尝不方，断葱以寸为度，故知之。"使者以状闻[9]，上乃赦兴等[10]。

——《资治通鉴》

注释

❶ **续：**陆续，字智初。东汉时期名士。因楚王刘英谋反被牵连下狱，后获赦免返回故乡，被终身禁止做官。❷ **吴：**陆续的家乡吴县。❸ **馈：**送。❹ **见考：**被拷打。见，被。考，同"拷"。❺ **辞色：**言辞和脸色。❻ **不自胜：**控制不住自己。❼ **问其故：**问他原因。故，原因。❽ **故悲耳：**因此感到悲伤啊。故，因此。❾ **以状闻：**把这个情况向上级报告。❿ **上乃赦兴等：**皇帝就赦免了尹兴等人（包括陆续）。上，指汉明帝刘庄。兴，指尹兴，当时的会稽郡太守，陆续的上司。

译文

陆续的母亲从吴县来到洛阳，做了食物送给陆续。陆续之前虽遭受严刑拷打，言辞和神色从未改变，但这次面对送来的饭菜却痛哭流涕，不能控制自己。审案官问他原因，陆续说：“我母亲来了，我却不能与她相见，因此悲伤啊。”审案官问：“你怎么知道是你母亲来了？”陆续说：“我母亲切肉无不方方正正，切葱也总是一寸长短。由此，我知道是她来了。”审案官把这个情况上报以后，汉明帝便赦免了尹兴等人。

登楼赋

遭纷浊[1]而迁逝[2]兮，漫逾纪[3]以迄今。情眷眷而怀归[4]兮，孰忧思之可任？凭轩槛以遥望兮，向北风[5]而开襟。平原远而极目兮，蔽荆山[6]之高岑。路逶迤而修迥[7]兮，川既漾[8]而济[9]深。悲旧乡之壅隔兮，涕横坠而弗禁。昔尼父[10]之在陈兮，有归欤之叹音。钟仪[11]幽而楚奏兮，庄舄[12]显而越吟。人情同于怀土兮，岂穷达而异心！

——王　粲[13]

注释

❶ **纷浊**：纷乱浑浊的世界。❷ **迁逝**：迁徙流亡。❸ **逾纪**：超过了十二年。纪，一纪为十二年。❹ **怀归**：怀着返回家乡的想法。❺ **向北风**：王粲的家乡在北边，因此这样说。❻ **荆山**：在今湖北省南漳县，漳水

发源于此。⑦ **迥：** 远。⑧ **漾：** 长。⑨ **济：** 渡。⑩ **尼父：** 指孔子。孔子周游列国时在陈国绝粮，曾叹息说："归欤！归欤！" ⑪ **钟仪：** 春秋时楚国乐官，被晋国俘虏，晋国国君要他弹琴，他仍只弹楚国的乐调。⑫ **庄舄：** 越国人，在楚国做了大官，他病重思乡，发出的呻吟声还是越国的方言。⑬ **王粲：** 字仲宣，东汉末年著名文学家，"建安七子"之一。

译文

我遭逢混浊的乱世而迁徙流亡到这里，如今已经超过了漫长的十二年。心中思念故乡希望返回，谁能忍受这思乡的忧愁啊！凭靠着楼上的栏杆遥望远方，面对着北风我敞开衣襟。平原辽阔我极目远望，却被高高的荆山挡住了视线。道路曲折又漫长，河流悠长，渡口深远。悲叹故乡阻塞隔绝，禁不住泪水纵横满面。当初孔子困在陈国时，曾发出"回去吧"的哀叹。钟仪被囚禁时仍演奏楚国的乐曲，庄舄在别国做了高官仍吟着越国的乡音。人的感情在怀念故乡时是一样的啊，难道会因受困或显达而改变心思！

bào mǔ yán jī shū

报母阎姬[1]书

qū yǔ fēn bēng zāo yù zāi huò wéi lí xī xià

区宇[2]分崩，遭遇灾祸，违离膝下[3]，

sān shí wǔ nián shòu xíng bǐng qì jiē zhī mǔ zǐ shuí tóng sà

三十五年。受形禀气[4]，皆知母子，谁同萨

bǎo rú cǐ bú xiào dàn lì shēn lì xíng bú fù yí wù

保[5]，如此不孝！但立身立行，不负一物[6]，

míng shén yǒu shí yí jiàn āi lián ér zǐ wéi gōng hóu mǔ wéi

明神有识，宜见哀怜。而子为公侯，母为

fú lì rè bú jiàn mǔ rè hán bú jiàn mǔ hán yī bù

俘隶[7]，热不见母热，寒不见母寒，衣不

zhī yǒu wú shí bù zhī jī bǎo mǐn rú tiān dì zhī wài

知有无，食不知饥饱，泯如[8]天地之外，

wú yóu zàn wén zhòu yè bēi háo jì zhī yǐ xuè fēn huái yuān

无由暂闻。昼夜悲号，继之以血，分怀冤

kù zhōng cǐ yì shēng sǐ ruò yǒu zhī jì fèng jiàn yú

酷[9]，终此一生。死若有知，冀[10]奉见于

quán xià ěr

泉下尔。

——宇文护[11]

注释

❶ 阎姬： 宇文护的母亲阎氏。**❷ 区宇：** 区域、宇内，代指天下。**❸ 膝下：** 父母。人幼年时常依偎在父母的膝旁，所以用膝下代指父母。**❹ 受形**

禀气：指自己的生命是由母亲赋予的。受形，接受形体。禀气，赐给气息。❺ **萨保**：作者自称，宇文护字萨保。❻ **不负一物**：没有愧对任何一样东西。负，辜负。❼ **俘隶**：俘虏和奴隶。❽ **泯如**：好像。❾ **冤酷**：沉重的冤情。❿ **冀**：希望。⓫ **宇文护**：字萨保，鲜卑族。南北朝时期北周大臣。他的母亲在战乱中流落到敌国北齐。北齐王听说宇文护非常孝顺，就请人以他母亲的口吻写了一封信送到宇文护手中。宇文护知道后决心接母亲回家，这篇文章就选自宇文护给母亲的回信。

译文

如今天下大乱，我们遭遇灾祸，我离开慈母已有三十五年。儿子的身体和生命是母亲赋予的，这是人尽皆知的，谁像我这样不孝！但我立足安身、所作所为，没有辜负任何人，圣明的神灵若是有知，也应当为我哀怜。我虽然做了公侯，慈母却沦为奴婢，天热时不知道慈母热不热，天寒时不知道慈母冷不冷，穿衣时不知慈母有没有衣服，进食时不知慈母吃不吃得饱，我们就像分隔天地之外，得不到一点消息。我日夜悲哭，乃至于泣血，自以为将怀着这种沉重的悲苦和遗憾而终此一生。倘若死后还有灵魂，希望在九泉之下还能继续侍奉您老人家。

狱中上母书

不孝完淳今日死矣！以身殉父，不得以身报母矣！痛自严君[1]见背[2]，两易[3]春秋。冤酷日深，艰辛历尽。本图复见天日，以报大仇，恤死荣生[4]，告成黄土；奈天不佑我，钟[5]虐[6]先朝[7]，一旅[8]才兴，便成齑粉[9]。去年之举，淳已自分必死，谁知不死，死于今日也。斤斤[10]延此二年之命，菽水之养[11]无一日焉。致慈君[12]托迹于空门[13]，生母[14]寄生于别姓。一门漂泊，生不得相依，死不得相问。淳今日又溘然[15]先从九京[16]。不孝之罪，上通于天。

——夏完淳[17]

注释

❶ **严君：** 指父亲。❷ **见背：** 专指父母或长辈去世。❸ **易：** 更换。❹ **荣生：** 指朝廷对死者遗族的封荫。❺ **钟：** 聚集。❻ **虐：** 灾难。❼ **先朝：** 指明朝。❽ **旅：** 军队。❾ **齑粉：** 比喻粉身碎骨。指军队溃败。❿ **斤斤：** 多事，多余。⓫ **菽水之养：** 孝养父母。⓬ **慈君：** 指作者的嫡母盛氏。⓭ **空门：** 佛门。⓮ **生母：** 指作者的生母陆氏。⓯ **溘然：** 忽然。⓰ **九京：** 九泉、地下。⓱ **夏完淳：** 明末诗人。

译文

不孝子完淳今日死去！用身体奉献给父亲，不能再以身体来报答母亲了。悲痛父亲离我而去，已经过去了两个年头。沉重的怨恨越积越深，历尽了艰难困苦。本来希望重见天日，以报大仇，使死者得到体恤，生者获得荣耀，向九泉之下的父亲上告我们的成功。奈何上天不庇佑我们，把灾祸集中在先朝，一支军队刚兴起，就立即被粉碎。去年的义举，我已料到非死不可，谁知当时没死，却死在今天。毫无意义地多活了两年，却没有尽一天的孝道。以致尊贵的嫡母托身于佛门，生母则寄生在异姓之家。一生漂泊，活着不能相互依靠，死了也不能相互安慰。我今日又要先赴九泉，深重的不孝之罪，连上天都知道了。

诗词

别云间

［明］夏完淳

三年羁旅客，今日又南冠。
无限山河泪，谁言天地宽。
已知泉路近，欲别故乡难。
毅魄归来日，灵旗空际看。

拜　年

大年初一最重要的民俗活动就是拜年了，这是人们在辞旧迎新时相互表达美好祝愿的一种方式。古时“拜年”一般指下级向上级、晚辈向长辈叩头施礼，以祝贺新年吉祥如意。

古代大臣给皇帝拜年，叫作“朝正”，也称“贺正”“元会”。据史书记载，周代时每逢新年，诸侯都要向周天子“朝正”，周天子要安排乐舞宴会招待他们。诸侯们在宴会上赋诗言志，一派其乐融融的景象。诸侯国内也会举行类似的活动。

汉代仍延续了周代的朝正之礼。在正月初一这一天，各级官员要依次向皇帝进献新年礼物，皇帝安排娱乐活动，并赏赐臣子。各级地方政府也组织官员进行新年庆贺。清代的朝正之礼则提前到腊月三十日进行。朝正之礼可以强化封建社会里上下尊卑的等级关系，这对于稳定君臣秩序、加强中央与地方的联系都有一定的作用。

古代大臣们之间也有互相贺年的活动，即称为“团拜”。如果不能亲自到场，士大夫们还可以请人递送名帖以代替自己上门拜年。

而在民间流行的拜年活动则是晚辈向长辈一对一地叩头拜年。在家庭内，晚辈清晨起床首先向长辈叩头，祝愿长辈健康长寿。然后，依次到各个亲戚、朋友家向长辈拜年。而长辈则给拜年者压岁钱，祝愿他健康成长。朋友之间也互相上门拜年。

文苑小憩

古文游戏

一、古时候人们拜年，会差人带名片去，称为“飞帖”，相当于现在的“贺年卡”。北宋著名文人秦观有一份拜帖，上款为“观敬贺子允学士尊兄正旦”，下款是“高邮秦观手状”。“敬贺正旦”，就是“恭贺新年”的意思。你能根据提示将这份拜年帖补充完整吗？

提示 这种名片是用一种梅花笺纸裁成的二寸宽、三寸长的纸片，上面写着受贺人的姓名、居住地址和恭贺新年的吉利文字，以此代为拜年。

二、下面的汉字宫格里藏着一首关于游子思亲的古诗，你能找出来并写出标题吗？

____

________________，________________。

________________，________________。

________________，________________。

谁	言	寸	游	迟	子
临	密	缝	恐	归	身
草	心	报	得	三	晖
母	手	中	线	迟	上
意	慈	春	行	密	衣

láng
狼

shǎo shí　yì láng jìng　qù　qí yì quǎn　zuò yú
少时①，一狼径②去，其一犬③坐于

qián　jiǔ zhī　mù sì míng　yì xiá shèn　tú bào
前。久之④，目似瞑⑤，意暇甚⑥。屠暴⑦

qǐ　yǐ dāo pī láng shǒu　yòu shù dāo bì　zhī　fāng　yù
起，以刀劈狼首⑧，又数刀毙⑨之。方⑩欲

xíng　zhuǎn shì jī xīn hòu　yì láng dòng　qí zhōng　yì　jiāng
行，转视积薪后，一狼洞⑪其中，意⑫将

suì　rù yǐ gōng qí hòu yě　shēn yǐ bàn rù　zhǐ lù kāo
隧⑬入以攻其后也。身已半入，止露尻⑭

wěi　tú zì hòu duàn qí gǔ　yì bì zhī　nǎi wù　qián
尾。屠自后断其股⑮，亦毙之。乃悟⑯前

láng jiǎ mèi　gài　yǐ yòu dí
狼假寐⑰，盖⑱以诱敌。

láng yì xiá yǐ　ér　qǐng kè liǎng bì　qín shòu zhī biàn
狼亦黠矣，而⑲顷刻两毙，禽兽之变

zhà　jǐ hé　zāi　zhǐ zēng xiào ěr
诈⑳几何㉑哉？止增笑耳。

——蒲松龄㉒

注释

❶**少时：**不久，一会儿。❷**径：**径自。❸**犬：**名词作状语，像狗一样。❹**久之：**过了一会儿。❺**瞑：**闭着眼睛。❻**意暇甚：**神情非常悠闲。意，

神情。暇，空闲，悠闲。甚，很，非常。⑦ **暴**：突然。⑧ **首**：头，脑袋。⑨ **毙**：杀死。⑩ **方**：正。⑪ **洞**：打洞。⑫ **意**：打算。⑬ **隧**：从柴草堆中打洞。⑭ **尻**：屁股。⑮ **股**：大腿。⑯ **悟**：醒悟，明白。⑰ **寐**：睡觉。⑱ **盖**：承接上文，表原因。这里可译为“原来是”。⑲ **而**：转折连词，然而，可是。⑳ **变诈**：欺骗。㉑ **几何**：多少。这里是“能有多少”的意思。㉒ **蒲松龄**：字留仙，清代文学家，著有文言短篇小说集《聊斋志异》。

译文

不久，一只狼径自离开，另一只狼像狗一样蹲坐在前面。过了一会儿，它的眼睛好像闭上了，神情十分悠闲。屠户突然跳起来，用刀劈砍狼的脑袋，又连着砍了几刀杀死了它。正要走，转过身看柴草堆后面，一只狼在里面打洞，打算要从柴草中打洞进去然后攻击屠户的后背。身体已经进去了一半，只露出屁股和尾巴。屠户从后面砍断狼的大腿，也杀死了它。这才明白前面的狼假装睡觉，原来是用来迷惑敌人的。

狼也很狡猾了，可是转眼间它们还是双双毙命，禽兽的欺骗手段能有多少呢？只不过是增加笑料罢了。

lín jiāng zhī mí

临江[1]之麋

lín jiāng zhī rén tián dé mí ní xù zhī rù
临江之人，畋[2]得麋麑[3]，畜之。入
mén qún quǎn chuí xián yáng wěi jiē lái qí rén nù dá
门，群犬垂涎，扬尾皆来。其人怒，怛[4]
zhī zì shì rì bào jiù quǎn xí shì zhī shǐ wù dòng
之，自是日抱就犬，习示之，使勿动，
shāo shǐ mí yǔ zhī xì jī jiǔ quǎn jiē rú rén yì mí
稍使麋与之戏。积久，犬皆如人意。麋
ní shāo dà wàng jǐ zhī mí yě yǐ wéi quǎn liáng wǒ yǒu
麑稍大，忘己之麋也，以为犬良[5]我友，
dǐ chù yǎn pū yì xiá quǎn wèi zhǔ rén yǔ zhī fǔ yǎng
抵触偃仆，益狎。犬畏主人，与之俯仰[6]
shèn shàn rán shí dàn qí shé sān nián mí chū mén wài
甚善，然时啖其舌。三年，麋出门外，
jiàn wài quǎn zài dào shèn zhòng zǒu yù yǔ wéi xì wài quǎn jiàn
见外犬在道甚众，走欲与为戏。外犬见
ér xǐ qiě nù gòng shā shí zhī láng jí dào shàng mí
而喜且怒，共杀食之，狼藉[7]道上。麋
zhì sǐ zhōng bú wù
至死终不悟。

——柳宗元[8]

注释

❶ **临江**：地名，江西省清江县。❷ **畋**：打猎。❸ **麋麑**：小鹿。❹ **怛**：恐吓。❺ **良**：的确，真的。❻ **俯仰**：周旋，应付。❼ **狼藉**：散乱的样子。❽ **柳宗元**：唐代文学家、哲学家、思想家，“唐宋八大家”之一。

译文

临江有个人，打猎时捕获了一只小鹿，把它带回家饲养。刚一进门，他的一群狗便流着口水，摇着尾巴围过来。这个人十分生气，就恐吓这群狗。从此他每天抱着小鹿接近狗，让狗看熟了，使狗不伤害它。后来又逐渐让狗和小鹿在一起玩耍。时间久了，狗也都按照主人的意愿做了。小鹿逐渐长大，忘记了自己是鹿，以为狗真的是自己的朋友，时常和狗互相碰撞在地上打滚，越来越亲近。狗害怕主人，于是和鹿玩耍，十分友善，但常舔舌欲食。多年之后，鹿走出家门，看见外面有很多狗在路上，跑过去想跟狗玩耍。这群野狗见了鹿既高兴又愤怒，一起把它吃掉了，路上一片狼藉。这只鹿到死也没有明白过来。

牧竖[1]

两牧竖入山至狼穴，穴有小狼二，谋分捉之。各登一树，相去[2]数十步。少顷，大狼至，入穴失子，意甚仓皇[3]。竖子树上扭小狼耳故令嗥[4]，大狼闻声仰视，怒奔树下，号且爬抓[5]。其一竖又在彼树致[6]小狼鸣急。狼辍声[7]四顾，始望见之；乃舍此而趋彼，跑[8]号如前状。前树又鸣，又转奔之。口无停声，足无停趾，数十往复，奔渐迟，声渐弱；既而奄奄僵卧，久之不动。竖下视之，气已绝矣。

——蒲松龄

注释

❶ **牧竖**：牧童。❷ **去**：距离。❸ **意甚仓皇**：神情非常惊慌。❹ **嗥**：狼的叫声。❺ **号且爬抓**：一边大声吼叫，一边抓挠树身。❻ **致**：招引。❼ **辍声**：停止了叫声。❽ **跑**：同“刨”，兽用前爪刨地。

译文

有两个牧童进山发现了狼窝，窝里有两只小狼。于是牧童商量一人捉一只。他们分别爬上了两棵相距数十步的树。不一会儿，大狼回来了，进窝发现小狼不见了，非常惊慌。牧童在树上扭小狼的耳朵，让它嚎叫。大狼听到后，抬头一看，十分愤怒地跑到树下，狂叫不已，还用爪子抓挠树身。这时另一个牧童在另一棵树上令小狼痛嚎。大狼停下叫声，到处张望，发现了小狼；于是它不顾这边的狼崽，转而奔至另一棵树下，像刚才那样狂叫撕抓。第一棵树上的牧童又让小狼哀号，大狼又转身扑过去。大狼嘴里没有停止过嚎叫，脚下没有停止过奔跑，这样来回数十次，跑得越来越慢，声音也越来越小；再过一会儿，大狼奄奄一息，直挺挺地躺在地上，很久都不动弹了。牧童从树上爬下来，凑近一看，大狼已经气绝身亡。

拾趣

一头驴子在草地上吃草，看见一只狼向它跑来，就装出瘸腿的样子一瘸一拐地走起路来。狼走过来，问它脚怎么了。它说越过篱笆时，踩着了刺，扎伤了脚，如果狼想吃它，就请先把刺拔掉，免得扎伤了喉咙。狼信以为真，便抬起驴的腿来，认真地检查起驴的蹄子。这时，驴子用脚对准狼的嘴，使劲一踹，踹掉了狼的牙齿，跑掉了。狼后悔莫及，说：“我真活该！父亲教我做屠户，我干吗要去做医生呢？”

马说

世有伯乐①，然后有千里马。千里马常有，而伯乐不常有。故虽有名马，祇②辱③于奴隶人④之手，骈⑤死于槽枥⑥之间，不以千里称也。

马之千里者，一食⑦或⑧尽粟一石⑨。食⑩马者不知其能千里而食也。是⑪马也，虽有千里之能，食不饱，力不足，才美不外见⑫，且欲与常马等⑬不可得⑭，安求其能千里也？

策⑮之不以其道⑯，食之不能尽其材⑰，鸣之而不能通⑱其意，执策而临⑲之，曰：“天下无马！”呜呼⑳！其真无马邪？其真不知马也！

——韩　愈

注释

❶ **伯乐：**本名孙阳，春秋时人，擅长相马。后指独具慧眼能发现人才的人。❷ **祇：**只是。❸ **辱：**辱没，埋没。❹ **奴隶人：**指养马的仆役。❺ **骈：**两马并驾。❻ **槽枥：**喂牲口用的槽。❼ **一食：**吃一餐，吃一顿。❽ **或：**有时候。❾ **石：**古代的计量单位，一石等于十斗。❿ **食：**通"饲"。喂养，饲养。⓫ **是：**这样。⓬ **见：**通"现"，表现在外面。⓭ **等：**等同，一样。⓮ **得：**能，能够。⓯ **策：**本义指马鞭，这里用作动词，用鞭子打。引申为鞭策，驱策。⓰ **道：**指正确的方法。⓱ **材：**通"才"，才能、才干。⓲ **通：**通晓，明白。⓳ **临：**面对。⓴ **呜呼：**语气词，表示惊叹，相当于"唉"。

译文

世间有了伯乐，然后才会有千里马。千里马经常有，可是伯乐却不会经常有。因此即使有名贵的马，只能辱没在仆役的手下，和普通的马一起死在马厩里，不以千里马著称。

日行千里的马，吃一顿有时能吃完一石粮食。喂马的人不知道要根据它日行千里的本领喂养它。这样的马，即使有日行千里的能力，却吃不饱，力气不足，才能和优良的素质也就表现不出来，想要跟普通的马相等尚且办不到，又怎能要求它日行千里呢？

鞭策它不按正确的方法，喂养它又不能使它充分发挥自己的才能，听它嘶叫却不懂得它的意思，只是拿着鞭子站在它面前说："天下没有千里马！"唉！难道果真没有千里马吗？其实是他们不识得千里马呀！

链接

韩愈所写的《马说》还有姊妹篇，叫作《龙说》，讲的是龙吐出的气形成云，云本来不比龙灵异，但龙乘着这股云气，可以在茫茫的天宇中四处遨游，是龙的能力使云有了灵异。韩愈以龙比喻圣君，以云比喻贤臣，巧妙地说明了圣君与贤臣之间的关系——圣君需要依靠贤臣建功立业，贤臣又要仰仗圣君的赏识才能有所作为。

黠[1]鼠赋

苏子[2]夜坐，有鼠方啮[3]。拊[4]床而止之，既止复作。使童子烛之，有橐[5]中空。嘐嘐聱聱[6]，声在橐中。曰：“嘻！此鼠之见闭[7]而不得去者也。”发[8]而视之，寂无所有，举烛而索[9]，中有死鼠。童子惊曰：“是方啮也，而遽死耶？向为何声，岂其鬼耶？”覆而出之，堕地乃走。虽有敏者，莫措其手。

苏子叹曰：“异哉，是鼠之黠也！闭于橐中，橐坚而不可穴[10]也。故不啮而啮，以声致人；不死而死，以形求脱也。吾闻有生，莫智于人。扰龙伐蛟，登龟狩麟，役万物而君[11]之，卒见使[12]于一鼠，堕此虫之计中，惊脱兔于处女[13]，乌[14]在其为智也？”

——苏　轼

注释

❶**黠**：狡猾。❷**苏子**：指苏轼。❸**啮**：咬。❹**拊**：拍。❺**橐**：袋子。❻**嘐嘐聱聱**：这里是形容老鼠咬物的声音。❼**见闭**：被关闭。见，被。❽**发**：打开。❾**索**：搜索。❿**穴**：咬洞。⓫**君**：统治。⓬**见使**：被役使。⓭**脱兔于处女**：起初像处女一样沉静，然后像逃跑的兔子一样突然行动。这里指老鼠从静到动的突变。⓮**乌**：何，哪里。

译文

苏轼在夜间静坐，有只老鼠在咬东西。苏轼拍打床板，声音就停止了，停了又再次响起。他让童子拿蜡烛去照床下，有一个空的袋子，老鼠咬东西的声音就从里面发出来。童子说："啊，这只老鼠被关在里面不能离开了。"童子打开袋子往里看，里面静悄悄的没有声音。举起蜡烛来搜索，发现袋子中有一只死老鼠。童子惊讶地说："它刚才还在叫的，怎么突然死了呢？那刚才是什么声音，难道是鬼吗？"童子把袋子翻过来倒出老鼠，老鼠一落地就逃走了，就是再敏捷的人也措手不及。

苏轼感叹道："真是奇怪啊，这是老鼠的狡猾！老鼠被关在袋子里，袋子很坚固，因而老鼠不能咬破。所以它是在不能够咬破的时候咬袋子，用假装咬袋子的声音招来人；在没有死的时候装死，凭借装死的外表得以逃脱。我听说生灵中没有比人更有智慧的了。人能驯服神龙、刺杀蛟龙，捉取神龟、狩猎麒麟，役使世界上所有的东西然后主宰他们，最终却被一只老鼠利用，陷入这只老鼠的计谋中，吃惊于老鼠从极静到极动的变化中，人的智慧在哪里呢？"

访古

古代的鼠

鼠是十二生肖中的子鼠，被敬称为子神。在古代，民间把鼠戏称为"财神"，因为在过去，穷苦的劳动人民家里并没有多余的存粮，鼠来造访，就意味着这户人家的粮食有余。古人还将鼠作为图饰雕刻在翡翠上，代表了一种贵气。

人　日

人日，又称人节、人庆节、人七日等。据考证，和世界其他地区一样，我国古代也流传着神灵在七天之内依次创造动物与人类的神话，这种神话直接影响到春节的习俗。

《北齐书》中记载："正月一日为鸡，二日为狗，三日为羊，四日为猪，五日为牛，六日为马，七日为人。正旦画鸡于门，七日贴人于帐。"当然，关于初一到初七分别对应哪种动物，有多种不同的说法。但这里记载了南北朝时期的春节习俗：正月初一要把鸡的画像贴在门上，或者直接把鸡画在门上。这是象征鸡在第一天得到创造。到了正月初七，则要把人像贴在帐子上。这是象征人类在第七天被创造。因此，正月初七还被古人规定为"人日"，也就是说是"人类的生日"，这天也叫作"人日节"或"人胜节"。

古时，在这一天，要祭祀人类的祖先，人文始祖炎、黄二帝。人们用七种菜做成菜羹，并用彩帛或金箔做成人形，贴在屏风上，或戴在头上。有的地方，会剪出一个小人儿的形状，给孩子贴在后背上以示保护。这种习俗至今依然在湖南、湖北、江苏、浙江的一些地区保留着。

现在，有的地方仍有在外的游子年前回家后，要过了人日节才能离家远行的习惯。有的地方还流传着"七不出、八不归"的谚语，意思就是正月初七这天，人们不出远门、不走亲访友，要在家与亲人团聚。

文苑小憩

古文游戏

一、在古代中国的神话传说中，女娲创造了世界，随后又造出了鸡、狗、猪、羊、牛、马等动物，到了第七天才造出了人。原来人和动物都有各自的生日，请你根据提示帮他们找到自己的生日吧！

初一　初二　初三　初四　初五　初六　初七

提示

鸡的生日是正月初一，狗的生日是正月初二，羊的生日是正月初三，猪的生日是正月初四，牛的生日是正月初五，马的生日是正月初六，人的生日是正月初七。

二、读读《小猫捕鱼》的故事，试着用古文的形式描述故事的内容。

鱼缸里有一条金鱼，一只小猫趴在鱼缸上，想要捕食金鱼，一不小心掉入水中，它急忙跳起来，全身都湿了。

古文：缸中有□□，一猫□缸上，欲捕食□，失足坠水中，急跃起，全身□湿。

提示

去掉量词省字数，
一字能把多字达。
皆字能替全、都、尽，
之可指代他、她、它。

舞工

舞者，乐之容①也。有大垂手②，小垂手。或象惊鸿③，或如飞燕。婆娑④，舞态也。蔓延⑤，舞缀⑥也。古之能者⑦，不可胜记⑧。开元⑨中，有公孙大娘⑩善舞剑，僧怀素⑪见之，草书遂长⑫。盖⑬壮其顿挫⑭势也。

——《太平御览》⑮

注释

❶ **容**：容貌，仪态。❷ **垂手**：指把手垂下来，舞蹈动作的一种。大垂手、小垂手是不同的舞蹈动作。❸ **惊鸿**：受惊飞起的鸿雁。鸿，大雁。❹ **婆娑**：盘旋舞动的样子。❺ **蔓延**：连绵不断地延伸。❻ **舞缀**：舞蹈时所穿服装的长袖。❼ **能者**：有能力的人，这里指舞蹈技艺高超的人。❽ **不可胜记**：记都记不过来，意思是很多。❾ **开元**：唐朝皇帝唐玄宗李隆基的年号。❿ **公孙大娘**：开元盛世时一位著名的舞蹈家，善舞剑。⓫ **僧怀素**：怀素和尚，唐朝著名的书法家，善写草书，以“狂草”闻名于世，史称“草圣”。⓬ **遂长**：就得到了进步。遂，就。长，长进。⓭ **盖**：大概。⓮ **顿挫**：指诗文、绘画、书法、舞蹈的跌宕起伏、回旋转折。⓯ **《太平御览》**：宋朝著名的类书，由李昉、李穆等学者将宋朝以前的各种图书资料分门别类集合编写而成。

译文

舞蹈，是音乐的形象化。有大垂手、小垂手等舞蹈动作。有的像惊飞的鸿雁，有的像飞舞的燕子。盘旋舞动，是跳舞时的姿态；绵延不断，是回旋甩动的长袖。古时候舞技高超的人有很多，记都记不过来。开元年间，有位叫公孙大娘的舞蹈家，擅长舞剑。怀素和尚看过她舞剑后，草书技艺便大有长进。大概是他学到了其中跌宕起伏的气势吧。

访古

盘鼓舞

盘鼓舞是汉代有名的舞蹈，盘、鼓是最主要的舞具，舞伎在盘、鼓之上或者围绕盘、鼓进行舞蹈表演。能歌善舞的舞伎在盘、鼓之上跳跃，击打出有节奏的鼓声，还要完成各种高难度的舞蹈动作。盘鼓舞将舞蹈与杂技巧妙地结合起来，体现了中国传统舞蹈的独特风格。

míng jūn qǔ

明君曲

hàn yuán dì shí xiōng nú chán yú rù cháo zhào
汉元帝①时，匈奴单于②入朝③，诏
wángqiáng pèi zhī jí zhāo jūn yě jí jiāng qù rù cí
王嫱④配之，即昭君也。及将去，入辞⑤，
guāng cǎi shè rén sǒng dòng zuǒ yòu tiān zǐ huǐ yān hàn rén
光彩射人，耸动左右，天子悔焉。汉人
lián qí yuǎn jià wèi zuò cǐ gē jìn shí chóng jì lǜ zhū shàn
怜其远嫁，为作此歌。晋石崇妓绿珠⑥善
wǔ yǐ cǐ qǔ jiāo zhī ér zì zhì xīn gē yuē wǒ běn
舞，以此曲教之，而自制新歌曰："我本
hàn jiā zǐ jiāng shì chán yú tíng xī wéi xiá zhōng yù
汉家子，将适⑦单于庭。昔为匣中玉，
jīn wéi fèn tǔ yīng jìn wén wáng huì zhāo gù jìn rén wèi
今为粪土英。"晋文王讳昭⑧，故晋人谓
zhī míng jūn
之《明君》。

——《旧唐书》⑨

注释

❶ **汉元帝：** 刘奭，西汉第十一位皇帝。❷ **匈奴单于：** 匈奴族的首领。匈奴分裂为南匈奴和北匈奴，南匈奴向汉朝称臣。这里的单于就是南匈奴的呼韩邪单于，他是第一位来汉朝朝贡的单于。❸ **朝：** 朝拜，朝见，即拜见皇帝。❹ **王嫱：** 字昭君，原为汉元帝后宫的宫女，后被嫁给单于。❺ **入辞：** 进宫辞行。入，指入宫。❻ **晋石崇妓绿珠：** 晋朝大富豪石崇

的一个歌妓名叫绿珠。⑦**适**：到。⑧**晋文王讳昭**：晋文王名叫司马昭。晋文王，即司马昭。讳，旧时不直接称呼或写出帝王和尊长的名字，如称须加一个“讳”字。如有人名与帝王、尊长重复，则要改名，这叫“避讳”。⑨**《旧唐书》**：记录唐朝历史的史书，为五代时期历史学家、政治家刘昫主持编写。原名《唐书》，是“二十四史”之一。

译文

汉元帝时期，南匈奴呼韩邪单于前来朝贡，汉元帝下诏把王嫱许配给他，王嫱就是王昭君。等王昭君即将离开汉朝前往匈奴，进宫辞别汉元帝时，她光彩照人，美貌惊动了在场的所有人，皇帝也后悔了。汉朝人可怜昭君远嫁，就为她创作了这首曲子。晋朝的大富豪石崇有一个名叫绿珠的歌妓，很擅长跳舞，石崇把这首曲子教给她，绿珠就自己填写了新的歌词：“我本是汉朝人，将去单于王庭。过去我是宝盒里装着的玉，如今却变成了粪土一般的人。”因为晋文帝叫司马昭，为了避讳，晋朝人就把这首曲子改名叫《明君》。

xiǔ mù wéi qín

朽木为琴

qín suī yòng tóng rán xū duō nián mù xìng dōu jìn
琴虽用桐，然须多年，木性[1]都尽，
shēng shǐ fā yuè yú céng jiàn táng chū lù shì qín mù jiē
声始发越[2]。予曾见唐初路氏琴[3]，木皆
kū xiǔ dài bú shèng zhǐ ér qí shēng yù qīng yòu cháng
枯朽，殆[4]不胜指，而其声愈清。又常
jiàn yuè rén táo dào zhēn xù yì zhāng yuè qín chuán yún
见越[5]人陶道真[6]畜[7]一张越琴[8]，传云
gǔ zhǒng zhōng bài guān shā mù yě shēng jí jìng tǐng wú sēng zhì
古冢中败棺杉木也，声极劲挺。吴僧智
hé yǒu yì qín sè sè huī bì wén shí wéi zhěn
和[9]有一琴，瑟瑟徽[10]碧，纹石[11]为轸[12]，
zhì dù yīn yùn jiē zhēn miào qín cái yù qīng sōng
制度[13]、音韵皆臻[14]妙。琴材欲轻、松、
cuì huá wèi zhī sì shàn
脆、滑[15]，谓之“四善[16]”。

——沈 括

注释

❶ **木性：** 木材的本性，这里指木材所含的水分、营养物质等。❷ **发越：** 激扬。❸ **路氏琴：** 唐代著名制琴师路氏所制作的琴。❹ **殆：** 几乎，差不多。❺ **越：** 古代地名，指今浙江一带的部分地区。❻ **陶道真：** 陶瞻，字道真，东晋人。❼ **畜：** 同“蓄”，此处为收藏的意思。❽ **张越琴：** 唐代著名制琴师张越制作的琴。❾ **吴僧智和：** 吴地的一位名叫智和的

僧人。⑩**黴**：指霉变后发黑的颜色。⑪**纹石**：带花纹的石头。⑫**轸**：古琴上用于松紧琴弦用的木柱。⑬**制度**：制作样式和尺寸。⑭**臻**：达到。⑮**轻、松、脆、滑**：质量轻、质地疏松、材性脆而不绵软、纹理光滑。⑯**善**：好的条件。

译文

琴虽然是用桐木制成的，但必须是生长多年的桐木，等到它的木材性质差不多都失去了，以此制作的琴发出的声音才能激扬清越。我曾见过唐朝初年的路氏琴，木质都枯朽了，看上去几乎都承受不了手指的弹拨，然而琴音更加清亮。又曾见到越人陶道真所收藏的一张张越琴，相传是用古墓中出土的破烂棺材的杉木制作的，其音极为有力而挺拔。吴地僧人智和有一张琴，瑟瑟呈霉绿色，用带花纹的石头作弦柱，制作样式、尺寸和声音韵律都达到了美妙的程度。制琴的材质，通常是希望它质量轻、质地疏松、材性脆而不绵软、纹理光滑，这叫作“四个最佳条件”。

舞赋

于是蹑节鼓陈[1]，舒意自广[2]。游心无垠，远思长想。其始兴[3]也，若俯若仰，若来若往。雍容[4]惆怅，不可为象[5]。其少进[6]也，若翔若行，若竦[7]若倾。兀动[8]赴度[9]，指顾[10]应声[11]。罗衣从风，长袖交横。骆驿飞散[12]，飒擖[13]合并。鶣䴡[14]燕居，拉揩[15]鹄惊。绰约[16]闲靡[17]，机迅[18]体轻。姿绝伦之妙态，怀悫素[19]之絜[20]清。

——傅 毅[21]

注释

❶ **蹑节鼓陈：** 踏着音乐的节拍起舞。蹑，踩。❷ **舒意自广：** 舞蹈的情境舒适广阔。❸ **始兴：** 开始起舞。❹ **雍容：** 温雅大方。❺ **不可为象：** 不可模拟其形象，即难以名状。❻ **少进：** 随后表演的舞曲。是上文“始

兴”的延续。⑦ **竦**：伸长脖子，提起脚跟站着。⑧ **兀动**：不安地跳动。⑨ **赴度**：投入音乐的节拍。⑩ **指顾**：手指目顾，此指舞蹈时手指和目光方向一致。⑪ **应声**：与曲声相和。⑫ **骆驿飞散**：骆驿，通“络绎”，连续不绝。形容罗衣飘荡不绝。⑬ **飒擖**：曲折。⑭ **鶣鷅**：轻盈的样子。⑮ **拉揩**：振翅而飞。⑯ **绰约**：姿态优美。⑰ **闲靡**：文雅柔美。⑱ **机迅**：比喻舞姿回旋像弩机发射那样迅速。⑲ **懿素**：忠贞纯洁。⑳ **絜**：通“洁”，纯洁。㉑ **傅毅**：东汉辞赋家。

译文

此时舞女们踏着音乐节拍翩翩起舞，舞蹈的情境舒适广阔，令人的思绪无边无际，浮想联翩。她们刚开始的舞姿多姿多彩，有的俯身，有的后仰；有的过来，有的前往。有的温雅大方，有的愁肠百结，实在难以名状。随后表演的舞蹈，时而像群鸟展翅飞翔，时而像鹭鸶引颈驻足，身子倾斜却未倒下，时而契合乐曲的节拍起伏不安地跳动，时而手指同目光相随与乐曲相合。她们轻柔的罗衣时而随风飘舞，时而长袖交错流光溢彩。眼前五彩罗衣飘荡不绝，时而似疾风流雪，时而如花团锦簇。她们的舞步轻盈，时而像梁燕蹲姿娴静优雅，时而像天鹅惊飞展翅翱翔。堪称一绝的舞姿娴雅柔美，轻盈迅捷似弩机发箭。她们以精妙绝伦的舞姿，展现出忠贞纯洁的品格。

王墨泼墨

王墨者，不知何许[1]人，亦[2]不知其名，善泼墨画山水，时人[3]故谓之[4]王墨。多游江湖间，常画山水、松石、杂树。性多疏野[5]，好酒，凡欲画图幛，先饮。醺酣[6]之后，即以墨泼，或笑或吟，脚蹙手抹[7]。或挥或扫，或淡或浓，随其形状，为山为石，为云为水。应手随意，倏若造化[8]。图出云霞，染成风雨，宛若神巧，俯观不见其墨污之迹，皆谓奇异也。

——朱景玄[9]

注释

❶ **何许：** 何处，什么地方。❷ **亦：** 也。❸ **时人：** 当时的人。❹ **谓之：** 称呼他。❺ **性多疏野：** 性情多粗犷狂野，即不守规矩。疏，粗犷。野，狂野。❻ **醺酣：** 醉酒。❼ **脚蹙手抹：** 手脚并用，在纸上涂抹。蹙，聚拢，皱缩。❽ **倏若造化：** 动作很快，画得像自然生成的一样。倏，忽然，快速。造化，指大自然。❾ **朱景玄：** 唐朝绘画评论家，著有《唐朝名画录》，对唐朝以来的知名画家进行了分类评述。

译文

王墨，不知道是哪里人，也不知道他的名号，因擅于画泼墨山水，所以当时的人称他为“王墨”。王墨经常浪迹于江湖间，常常以山水、松石、杂树为题材作画。他生性粗犷狂野，嗜好饮酒，每次画图幛之前，都要先饮酒。酣醉之后，就以泼墨法作画。或谈笑或吟唱，手脚并用，任意涂抹。或挥写或擦扫，或浅淡或浓重，顺着偶然而成的形状，画成山，画成石，画作云，画作水，都顺应手势，随心所欲，如天地自然变化一样变幻莫测。他画出的云霞，染成的风雨，宛如神工巧化，低头观看，不见墨污的痕迹，看过的人都说太神奇了。

访古

泼　墨

泼墨是中国画的一种技法，将墨挥洒在纸或绢上，画面气势非常奔放。具体做法是用大笔蘸上饱和的水墨，迅速下笔，等干了或快要干之后，再用浓墨泼上去；随水渗开，或者笔头蘸了淡墨之后，再在笔尖稍蘸浓墨，错落点去，一气呵成，水墨淋漓，气势磅礴。

元宵节

正月十五是农历新年中第一个月圆之夜，因此被称作“元宵”。元宵节是我国一个重要的传统节日，在这一天，人们要吃汤圆、赏花灯。关于元宵节起源的说法很多，但比较可靠的说法是元宵节起源于汉代的“太一祭”。太一祭是皇家在正月上辛日祭祀太一星，也就是北极星的一种仪式。当时的人们认为北极星是一颗神秘的星星，主宰着人类的命运。在这一天，古人会点起灯火，向北极星祈求丰收、平安。

而元宵赏灯的习俗大致起源于晋代，据记载，那时已有元宵张灯的做法。隋代，元宵节发展为张灯结彩、锣鼓喧天的化装游行节日。唐代，元宵晚上的灯会已经规模盛大，政府还专门开放夜禁三天，以便于人们赏灯。宋代，元宵观灯更加兴盛，从正月十四一直延续到正月十八，而且燃放烟火。迄今为止，张灯、赏灯已经成为元宵节最为突出的、最有特色的民俗活动。

除了张灯结彩，古时元宵节还有“偷灯”的活动。宋代陈元靓的《岁时广记》在解释当时人们元宵节“偷灯”的原因时说：“偷灯者，生男子之兆。”一直到近代，很多地方仍有送灯给那些无子家庭，祝愿增添人口的风俗。

元宵节赏灯活动中还有猜灯谜的游戏，同时还有踩高跷、跑旱船、舞龙灯、耍狮子、扭秧歌等民间文艺表演。总之，元宵节是一个充满欢乐喜庆的节日，它为整个庆祝新年的活动画上了一个完美的句号。

文苑小憩

古文游戏

一、南宋词人辛弃疾《青玉案》中“东风夜放花千树”“凤箫声动，玉壶光转，一夜鱼龙舞”描绘的是（　　）晚上的狂欢情景。

A. 中秋节　　B. 元宵节　　C. 七夕节　　D. 除夕

二、下列选项不是元宵节的习俗的是（　　）。

A. 吃元宵　　B. 赏花灯　　C. 舞狮　　D. 贴窗花

三、猜灯谜。

1．元宵。（猜一成语）

谜底：________________

2．元宵节后捷报多。（猜一成语）

谜底：________________

3．元宵之后柳吐芽。（猜一成语）

谜底：________________

4．元旦元宵捷报频传。（猜一成语）

谜底：________________

成语收藏夹

光彩射人：形容人或事物的外表十分光艳美丽，引人注目。

造句：这次晚会上，她表演了独舞，在舞台中央光彩射人。

翩若惊鸿：动作轻捷，如同受惊飞起的大雁。多形容女子姿态轻盈优美。

造句：她的身姿一时柔美至极，翩若惊鸿，婉若游龙，颇有几分古典的韵味。

hú xīn tíng kàn xuě

湖心亭[①]看雪

chóng zhēn wǔ nián shí èr yuè, yú zhù xī hú。 dà
崇祯[②]五年十二月，余住西湖。大
xuě sān rì, hú zhōng rén niǎo shēng jù jué。 shì rì gēng dìng
雪三日，湖中人鸟声俱绝[③]。是日更定[④]
yǐ, yú ná yì xiǎo zhōu, yōng cuì yī lú huǒ, dú wǎng
矣，余拏[⑤]一小舟，拥毳[⑥]衣炉火，独往
hú xīn tíng kàn xuě。 wù sōng hàng dàng, tiān yǔ yún yǔ shān yǔ
湖心亭看雪。雾凇沆砀[⑦]，天与云与山与
shuǐ, shàng xià yì bái。 hú shàng yǐng zi, wéi cháng dī yì
水，上下一白。湖上影子，惟长堤[⑧]一
hén、 hú xīn tíng yì diǎn、 yǔ yú zhōu yí jiè、 zhōu zhōng rén
痕、湖心亭一点、与余舟一芥[⑨]、舟中人
liǎng sān lì ér yǐ。
两三粒而已。

——张　岱[⑩]

注释

❶**湖心亭：**在杭州西湖中的一个小岛。❷**崇祯：**明思宗朱由检年号。❸**绝：**消失。❹**是日更定：**是，代词，这。更定，指初更以后，晚上八点左右。定，停止，结束。❺**拏：**撑（船）。❻**毳：**鸟兽的细毛。❼**雾凇沆砀：**冰花周围弥漫着白汽。沆砀，白气弥漫的样子。❽**长堤：**指苏堤。❾**一芥：**一棵小草。芥，小草，比喻轻微纤细的事物。❿**张岱：**明末清初文学家，著有《陶庵梦忆》《西湖梦寻》等。

译文

崇祯五年的十二月，我住在西湖附近。大雪连续下了几天，湖中没有游人，连飞鸟的鸣叫声都消失了。这天初更以后，我撑着一条小船，穿着细毛皮衣，带上火炉，独自前往湖心亭看雪。湖面上弥漫着层层冰花，天与云与山与水，浑然一体，白茫茫一片。湖上的影子，只有一道长堤的痕迹、一点湖心亭的轮廓，和我的一叶小舟，以及两三点舟中的人影罢了。

诗词

湖心亭

［宋］陈　瓘

尘境纷纷俗累增，故寻幽径访南能。
湖波浩渺无穷绿，寺屋高低不计层。
诗老新吟工恼客，使君余暇得陪僧。
棋中得失何时了，一局输赢未可凭。

访古

古代的纪时法

古代的纪时法主要有两种，一种是天色纪时法，古人最初是根据天色的变化，将一昼夜划分为十二个时辰，它们的名称分别是夜半、鸡鸣、平旦、日出、食时、隅中、日中、日昳、晡时、日入、黄昏、人定；另一种是地支纪时法，是以十二地支来表示一昼夜十二时辰的变化，名称分别是子、丑、寅、卯、辰、巳、午、未、申、酉、戌、亥。

雪赋

其为状也，散漫交错，氛氲[1]萧索[2]，蔼蔼浮浮，瀌瀌弈弈[3]，联翩飞洒，徘徊委积。始缘甍[4]而冒栋，终开帘而入隙，初便娟于墀庑[5]，末萦盈于帷席。既因方而为圭[6]，亦遇圆而成璧。眄[7]隰[8]则万顷同缟，瞻[9]山则千岩俱白。于是台如重璧，逵[10]似连璐[11]，庭列瑶阶，林挺琼树，皓[12]鹤夺鲜，白鹇[13]失素，纨袖惭冶[14]，玉颜掩姱[15]。

——谢惠连[16]

注释

❶ **氛氲：** 蔚然兴盛的样子。❷ **萧索：** 疏散的样子。❸ **瀌瀌弈弈：** 形容雨雪非常大。❹ **甍：** 栋梁，屋脊。❺ **墀庑：** 台阶廊屋。❻ **圭：**

一种玉制的礼器。⑦ **眄**：视，看。⑧ **隰**：低湿的地方。⑨ **瞻**：往上看。⑩ **逵**：道路。⑪ **璐**：美玉。⑫ **皓**：白。⑬ **白鹇**：鸟名。⑭ **惭冶**：自惭形秽。⑮ **姱**：美好。⑯ **谢惠连**：南朝宋文学家。

译文

雪花的形状，随意散乱交错，氤氲纷纷，散散落落，洋洋洒洒，在天空中翩翩飞舞，回旋堆积在地面上。开始时沿着屋脊将楼宇覆盖，到最后透过门帘缝隙进入室内。起初在台阶上轻盈回旋，后来在帷席旁飘舞萦绕。既可以顺着方物成为玉圭，又能够依着圆物成为玉璧。向远处观望原野，像万顷缟素铺展；仰头望见那山岭，就像千岩裹上银装。这时，楼台宛如重叠的玉璧，大路如同连缀的美玉；庭院铺设着玉阶，林中挺立着玉树。白鹤被夺去了光彩，鹇鸟也不再鲜艳；纨袖佳人自惭形秽，玉颜美女掩面失色。

链接

有古话说："大者，盛也，至此而雪盛也。"大雪，是雪量很大的意思。大雪是"二十四节气"中的第二十一个节气。此时，气温很低，容易降雪。"小雪腌菜，大雪腌肉"，对人们来说，大雪节气一到，就要开始忙着腌制美食了。

游白岳山[1]日记

二十九日，奴子[2]报：“云开，日色浮林端矣。”急披衣起，青天一色，半月来所未睹，然寒威殊甚。方促伯化[3]共饭。饭已，大雪复至，飞积盈尺[4]。偶步楼前，则香炉峰正峙其前。楼后出一羽士[5]曰程振华者，为余谈九井、桥岩、傅岩诸胜。三十日，雪甚，兼雾浓，咫尺[6]不辨。伯化携酒至舍身崖，饮睇元阁。阁在崖侧，冰柱垂垂，大者竟丈。峰峦灭影，近若香炉峰，亦不能见。

——徐霞客[7]

注释

❶ **白岳山：** 今安徽休宁县西三十里的齐云山。❷ **奴子：** 奴仆。❸ **伯化：**

指道士汪伯化。❹ **盈尺：** 达到一尺。❺ **羽士：** 道士。❻ **咫尺：** 古代的长度单位，八寸为咫，十寸为尺。形容距离近，也指微小。❼ **徐霞客：** 名弘祖，号霞客，明朝地理学家、旅行家、文学家，著有《徐霞客游记》。

译文

二十九日，奴仆禀告说："浓云都散开了，阳光照进树林，浮现在树梢了。"我急忙披好衣服起床，只见蓝天一色，是半个月以来都没有见过的好天气，但寒冷的威力还很厉害。于是催促汪伯化一起吃饭。吃完饭，大雪再次下了起来，飞扬的雪花积了有超过一尺厚。偶尔走到楼前，看到香炉峰笔直地屹立在前方。楼后走出一位叫程振华的道士，为我讲述九井、桥岩、傅岩各处美景的情况。三十日，雪下得更大，而且有浓雾弥漫，咫尺之间无法分辨方向。汪伯化带着酒到舍身崖，在睇元阁里共饮赏雪。睇元阁在山崖的侧面，从崖上垂下一根根冰柱，有的竟有一丈长。峰峦消失在雪雾之中，即使像距离这么近的香炉峰，也无法看见它。

雪屋记

夫玄冥司①令，草木消歇闭塞②，成冬之时③。天地积阴之气，湿而为雨，寒而为雪，缓缓而下，一白千里，遍覆于山林大地。万物埋没无所见，其生意④不几于息乎？孰知生意反寓于其中也。故冬至之节，居小雪之后，大雪之前，而一阳已生于五阴之下⑤矣。由是腊中⑥有雪，则来春有收，人亦无疾疹之患⑦。是雪也，非独以其色之洁白为可尚⑧也，盖有生意弭⑨灾之功在焉。

——杜 琼⑩

注释

❶ **玄冥司：** 指掌管季节时令的神仙机构。❷ **消歇闭塞：** 凋谢封闭。❸ **成冬之时：** 形成冬季这个时令。❹ **生意：** 生机。❺ **一阳已生于五阴之下：** 一股阳气已经在五股阴气之下产生。此处指多次雨雪天之后天气会放晴一次。❻ **腊中：** 腊月中。❼ **患：** 担忧。❽ **尚：** 推崇。❾ **弭：** 消失。❿ **杜琼：** 明朝文学家、书画家、藏书家、史学家。

译文

玄冥司掌管时令，草木凋零，天地闭塞，形成冬天这个季节。天地聚积阴冷的空气，变得潮湿就会下雨，再遇寒冷就会下雪，雪慢慢地飘下，把千里之地变成白茫茫的一片，白雪完全覆盖了山林大地。万物被埋没在雪中而不能被看见，它们的生机不是几乎都停止了吗？谁知那生机反而蕴藏在雪中了。所以冬至时节是在小雪之后、大雪之前，多次雨雪天之后天气会放晴一次。因此腊月下雪，那么来年春天就有好收成，人也就不会有生疹子的担忧。这时的雪，不仅是因它洁白的颜色而值得我们推崇，大概还有孕育生机、消除灾祸的功效在里面。

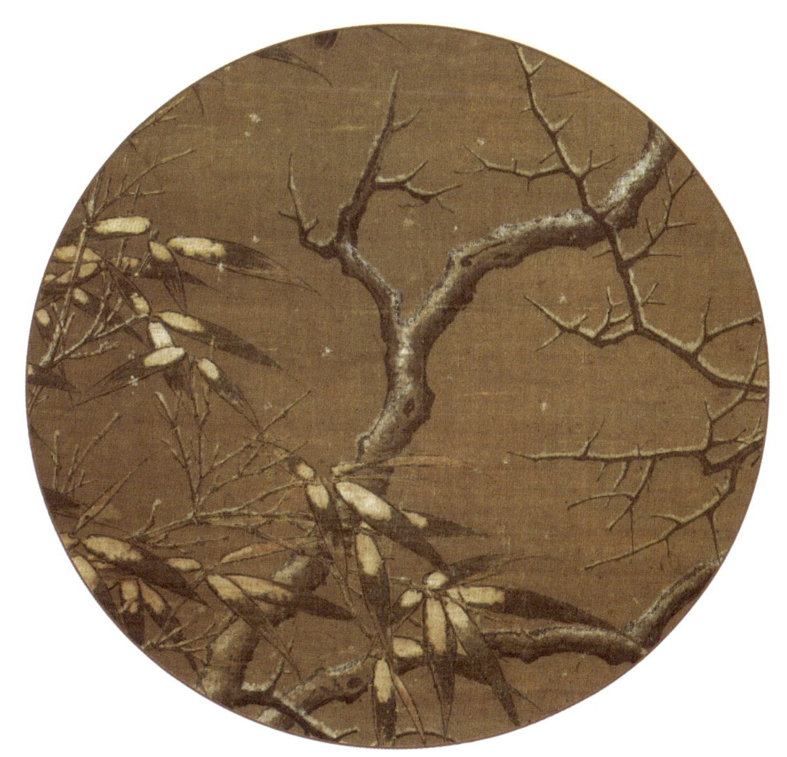

龙山[1]雪

天启六年[2]十二月，大雪深三尺许。晚霁[3]，余登龙山，坐上城隍庙山门，李芥生、高眉生、王畹生、马小卿、潘小妃[4]侍。万山载雪，明月薄之，月不能光，雪皆呆白[5]。坐久清冽，苍头[6]送酒至，余勉强举大觥[7]敌寒，酒气冉冉，积雪欱[8]之，竟不得醉。马小卿唱曲，李芥生吹洞箫和之，声为寒威所慑，咽涩不得出。三鼓归寝。马小卿、潘小妃相抱从百步街旋滚而下，直至山趾[9]，浴雪而立。余坐一小羊头车，拖冰凌而归。

注释

❶ **龙山：** 在今浙江省。❷ **天启六年：** 1626 年。❸ **霁：** 雨后或雪后转晴。❹ **李岕生、高眉生、王畹生、马小卿、潘小妃：** 五人都是当时的戏曲演员。生，指男演员。马小卿、潘小妃为女演员。❺ **呆白：** 苍白。❻ **苍头：** 这里指年纪大的伙计。❼ **大觥：** 大酒器。❽ **歠：** 通“喝”，吸吮。❾ **山趾：** 山脚。

译文

天启六年的十二月，大雪积了有三尺多深。晚上天放晴了，我们几个登上龙山，坐在城隍庙的山门上，李岕生、高眉生、王畹生、马小卿、潘小妃这几个人陪同。山峦上覆盖着厚厚的积雪，月亮的光芒变得稀薄了，月亮显不出光亮，雪都显得很苍白。坐久了感到浑身发冷，伙计送酒来了，我们勉强举起大酒杯抵御严寒，酒气上升，积雪将酒气吞噬，竟然喝不醉。马小卿唱起曲子，李岕生吹洞箫应和，箫声被寒气所慑，艰涩得出不来。三更时我们准备回去睡觉，马小卿、潘小妃互相抱着从百步街旋转滚下去，一直到山脚，站在那里满身是雪。余下的人坐一辆小羊头车，拖着满身冰凌回来了。

访古

五　更

我国古代，民间把夜晚分成五个时段，用鼓打更报时，所以叫作五更、五鼓或五夜。如《孔雀东南飞》中有：“仰头相向鸣，夜夜达五更。”《李愬雪夜入蔡州》中有：“四鼓，愬至城下，无一人知者。”《登泰山记》中有：“戊申晦，五鼓，与子颍坐日观亭。”五更分别为：黄昏，一更一鼓，19:00 — 21:00；人定，二更二鼓，21:00 — 23:00；夜半，三更三鼓，23:00 — 1:00；鸡鸣，四更四鼓，1:00 — 3:00；平旦，五更五鼓，3:00 — 5:00。

填仓节

正月二十五，俗称填仓节，这是中国民间一个象征新年五谷丰登的节日。因“填”与“天”谐音，“填仓节”也称为“天仓节”。

填仓的意思是填满谷仓。据说在这一天，人们要在囤里添粮，在缸里添水，寓意添仓，祈盼丰年。这一天的黎明，古人还要在自己的院子里或打谷场上，用筛过的草灰，撒出一个个大小不等的粮囤形状，并在里面放一些五谷杂粮，象征五谷丰登。

由于填仓节这一天喜进厌出，古时各家各户都不向别人家借东西，即使有人来家里借东西也必须拒绝。旧时农民卖粮，也特意避开这一天。而粮店收购粮食却喜欢在这一天。每到这一天，粮店会摆酒设宴，热情款待前来卖粮的人。

文苑小憩

古文游戏

山西境内旧有民谣：“过了年，二十二，填仓米面作灯盏。”讲的是填仓的民俗。你能用右边的汉字整理出民谣的下一句吗？

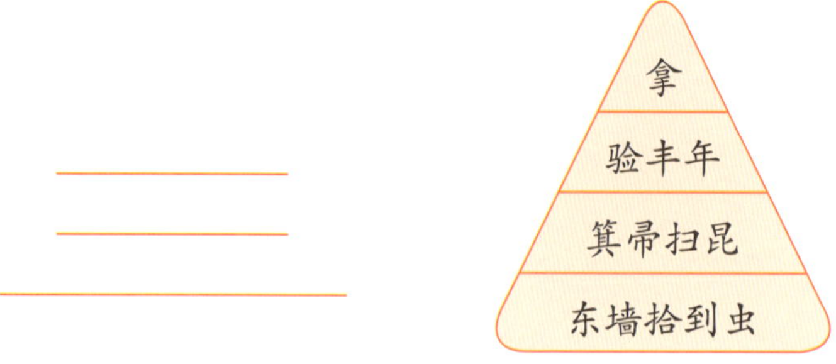